企業再生ファンド

不良債権ビジネスの虚と実

和田勉

光文社新書

目次

プロローグ

木を見て森を見ず、という言葉がある。細部にこだわりすぎて、全体像に目を向けないことの戒めだろう。しかし、木や草花を見て、土や水を見て、森で生きる動物や昆虫などを見ないと、森で何が起きているのかがわからないのも真実である。森が病気なら、それは木や土を調べたほうがいい。森を見て木を見ず、では永遠に治せないだろう。

不良債権問題が日本経済における最大の問題の一つだと言われ始めてから、何年も経つ。しかし、我々はずっと森だけ見て、森の病気が早く治ればいいなと祈ってきたように思える。

不良債権問題が注目されるのは、銀行の決算期だ。銀行が決算数字を発表するたびに、少し増えた、少し減った、と新聞などで報じられる。そして次のような解説が付いてくる。銀行は、不良債権を早期に処理すると言っておきながら、実行していない、という批判。いや、銀行はたくさんの不良債権を処理したのに、不況のせいで、また増えた、という評論。さらには、政府（金融庁）が銀行の資産査定についての検査を厳しくすれば、不良債権が増えるという予想も語られる。

こうした情報からわかることは、病気が重いということだけだ。日本経済という森の中で、枯れている木や草花が多いと認識できただけのことだ。

木や草花を見るアプローチをもっとしたほうがいいと私は思う。この本ではその一つを試みている。

我々は、不良債権に関わるビジネスを見ることだ。

木や草花を見るアプローチ

我々は、不良債権には売られているものもある、ということを知っている。枯れかけた木や草花をほしいといい、大金を出して買っている人々がいる、という一見奇妙な現象だ。しかも、その金額が数億円、数十億円となれば、焚《た》き火用の薪《まき》を買うような話ではない。何かおいしい儲け話があるに違いない。

結論から言うと、買い手がつくのは不良債権が、木や草花のように具体的な形を持つものではなく、法律上の権利だからだ。不良化しているといっても、枯れて、やがては大地に戻っていくものではない。

債権とは、カネを支払うことを含む契約が成立した場合の、カネを受け取る権利のこと(支払う義務が債務)。それが不良化した、つまり約束通りのカネを受け取れなくなったものが不良債権と呼ばれる。不良債権の実体はある金額を受け取る権利が書いてある契約書であり、担保として不動産が指定されていたりする。そのため、権利を活用したビジネスが成立し、それに付随する商売も増えているというわけ。簡単なところでは、この担保不動産を手に入れようとする買い手がいると想像できるだろうが、それだけではない。

実際のところ、不良債権にまつわるビジネスは急拡大しており、外資系企業だけでなく、国内企業の参入も相次いでいる。そして、その範囲もきわめて広い。不良債権の査定から買い取りや回収代行ばかりでなく、不良債権という権利関係の片側にいる過剰債務企業の建て直しもある。特に、過剰債務企業の建て直しについては、コンサルティングから投資、融資などのビジネスが、「企業再生」や「事業再生」という耳触りの良い名前を得て、ブームの感すらある。

だから、不良債権問題を考える時に、こう考えたらどうだろうか。日本経済という森の中には、枯れかけた木の周りに、新しい生物が次々と生まれてきていると。さらに良く見ると、その生物は木や草花を蘇らせているようにも見えてくる。

おもしろそうだと思えたら、ぜひ私と一緒に観察してみてほしい。ただし、枯れかけた木を無理やり支えているグロテスクなコンクリートの塊も見かけるかもしれないことは、お断りしておく。

第一章　企業再生は、錦の御旗

新ビジネス「サービサー」の見えない実態

不良債権ビジネスを知る第一歩としては、サービサーという新ビジネスに注目すると良い。サービサーとは、債権(管理)回収会社とも呼ばれ、金融機関やノンバンクから債権を買い取って回収するか、回収を代行する専門会社のことだ。扱える債権は、約束通り支払われている健全な債権も含むが、一部のサービサーは不良債権に特化しており、不良債権の関連産業の中で重要な役割を果たしている。

この意味のサービスという英語は日本人にはあまり馴染みがないし、日常英語ではないので普通の英語の辞書にもない。専門的な辞典を調べて、ようやく「SERVICING(サービシング)」という見出しを見つけることができる。たとえば、『バロンズ不動産用語辞典』(Barron's S Dictionary of Real Estate Terms)では「不動産担保ローンの、請求をすること、代金を回収すること、帳票類を管理すること」とある。この言葉が、日本では、担保不動産からの債権回収を強調して使われるようになっている。

サービサーが登場したのは、数年前のこと。不良債権問題がクローズアップされた一九九〇年代の終盤に、米国で九〇年代前半に不良債権処理に活躍した債権回収の専門会社を日本にも導入しようということになり、法律が作られた。それが一九九九年に施行された債権管理回収業に関する特別措置法（サービサー法）で、サービサーとして営業するには法務大臣の許可を得る必要があると定めている。さらに、当初から資本金五億円以上と大企業級の資本金を持つ株式会社であることや、取締役に弁護士がいなくてはいけないなど許可条件が厳しいが、二〇〇三年二月末で七十三社ある。

このうち約二十社が不良債権がらみのビジネスをしているとみられる（32〜33ページ表）。外資系投資銀行や国内外の不動産投資会社がグループ会社として持っているサービサー各社だ。ゴールドマン・サックス、モルガン・スタンレーなど投資銀行、自動車メーカーGMの金融会社であるGMACや、サーベラスなど投資会社といった外資系がやはり目立つ。日本勢では、アトリウムやレーサムリサーチなど不動産会社のほか、オリックス、あおぞら銀行系のサービサー、そして整理回収機構（RCC）が主要な不良債権ビジネスのプレーヤーだ。

もちろんグループ内でサービサーを設立しなくても、仕事のたびにサービサーと協力することでも足りる。二十社前後は、不良債権を対象にしたビジネスを大量に、そして継続的にする決意のある企業のグループだといえる。

不良債権を狙うサービサーには一切取材を拒否する会社が多く、実態は見えにくい。業界団体の広報誌である『季刊サービサー』創刊準備号（二〇〇二年九月発行）に掲載された会員各社の宣伝文句でも、その種の外資系は抽象的な言葉を寄せている。

・ローンスター系のハドソン・ジャパン債権回収「日本屈指の規模を誇るサービサー」

・モルガン・スタンレー系のロンバード債権回収「米国で培ったアセットマネジメント手法を活かし、パフォーマンスの高い業務を展開しています」

・ムーア系のミレニアム債権回収「外資系サービサー独自のノウハウにより質の高い業務を展開」

など。

こうした二十社前後を除く、多数のサービサーは、大手銀行や消費者金融、クレジット、リース会社系であり、親会社向けに通常の債権を回収するサービサーだ。従来は債権がこげつき、不良化した場合にだけ弁護士に仕事を依頼していた金融機関や金融会社も、業務効率化や公明正大に回収している姿勢を示すために専門会社を作った。

先ほどの広報誌の宣伝文句では、

・オリエントコーポレーション系の日本債権回収「・法令の遵守　・健全で透明性の高い経営　・情報管理、プライバシー保護の徹底　・安心と信頼のサービサー会社」

・千葉銀行系のちば債権回収「確かな信用とノウハウで、千葉県唯一のサービサーとして地域の皆様のご期待にお応えしてまいります」

と、信用第一といった印象を受ける。

なぜ法務大臣の管轄なのか

債権、つまり貸したカネを回収するのは、金融業の会社にとってごく普通の商行為なのに、なぜ法務大臣の管轄なのか。それは、不良債権回収のプロセスに法律問題が密接にからんでいるから。

不良債権処理のプロセスを、最大手のサービサーである整理回収機構（RCC）の事例で見てみよう。RCCは、破綻した金融機関の債権回収のために作られた公的機関だが、今では、健全な金融機関などから不良債権を買い取り、回収する業務もしているという意味で、立派な不良債権ビジネスのプレーヤーといえる（RCCの詳細は第四章）。

東京湾岸の倉庫地帯に旧T物流の倉庫がある。約千坪の土地に、敷地面積三百坪くらいの物流倉庫が建っていて、痛みが少ない良質な不動産だった。一九九七年にT物流が経営破綻したのにともない、ある都銀が競売へ持ち込んだがうまくいかず、九九年にRCCが買い取った。

そのT物流の倉庫前に、二〇〇一年春のある早朝、県警の機動隊六十人ほどがバスで乗りつけた。倉庫にあった物品を運び出す「執行補助者」も同じくらいの人数がトラックで集まり、ものものしさを増幅していたはずだ。しかし、場所は倉庫地帯でも海側のほとんど人通りが無いところであり、気づいた人は少なかっただろう。

まさにそんな場所の優良物件であったため、ある右翼団体がT物流の破綻と前後して敷地を占拠し、数台の街宣車を置く基地として使っていた。そのため、都銀が二回、RCCも二回、競売を実施したが、成功しなかった。競売を繰り返すごとに最低入札価格は落ちていくので、その時点で一億円台と、第一回入札の三分の一以下まで安くなっていた。

早朝の騒動は、こうした状況下で起こった。RCCが民事執行法に基づき、裁判所に不動産売却のための保全処分を申し立て、実際には県警の協力で強制的に右翼団体を立ち退かせたのだった。その後、再び競売へ。今度はRCCが自分でも札を入れ、他の二者より高い値をつけて落札（自己競落）した。結局は、二〇〇二年夏に、自己競落価格を大幅に上回る価格（推定・二億数千万円）である企業へ売却した。

RCCの担当者によると、右翼団体と関連のありそうな企業が入札に参加しており、その倉庫を一億数千万円で取得することを狙っていたそうだ。右翼団体にすれば、占有し続けることで、その不動産の価格を下げられるわけで、安く買った後、転売する予定だったとすると、これも不良債権ビジネスの一種かもしれない。しかし完全な違法行為だ。

　こうした違法行為を排除することが法務大臣管轄下の法律になった理由の一つである。また、このケースは極端な事例だが、不良債権とは権利関係のかたまりであり、法律問題になることが多い。弁護士業界にとっても大事なビジネスなので、サービサー法でも弁護士の仕事は守られたということだろう。

「証券化」「ファンド」は打ち出の小槌《こづち》？

先のＲＣＣの事例で、不良債権をカネに換えるのがいかに手間ひまがかかる仕事かを理解していただけたと思う。手間ひまにかかるコストを考えると、あまり大儲けすることができそうにない。実は、国内外の投資会社が狙っているのは、こうした債権回収業だけでの大儲けではないのだ。サービサーを設立した投資会社が実践している不良債権ビジネスの全体像を見るためには、「証券化」や「ファンド」などのキーワードを知らなければならない。

　証券化という言葉については、大手不動産会社や大手証券会社がテレビＣＭで使ったりしているので、なんとなく聞いたことがある人も多いだろう。証券というと、証券会社が扱っている株式や国債、社債などが代表例だが、証券化は、株式や債券のようなものを作り出すことだと理解しておけば、一般の人には十分だ。

たとえば、安定した賃貸収入がある不動産なら、将来の賃貸収入を原資にして、一定の配当を約束した証券を多数作る。それを投資家に買ってもらうことができれば、手元に多額の資金がなくても不動産を買うことができる。いろんな条件・性質を持つ証券に投資してリスクを分散したい、といった投資家のニーズを満たす一方で、証券化する企業にとっては、比較的少ない元手で新しいビジネスを柔軟に設計できるメリットがある。

証券化と共に近頃、大活躍しているのがファンド（投資ファンド）というペーパーカンパニーだ。先ほどの安定した賃貸収入のある不動産を少ない元手で買って商売にする例では、その不動産の保有者をファンドにしてしまう。専門的な言葉で言うと、不動産を保有し、収入から配当を分配するという特別の目的だけを持ったＳＰＣ（特別目的会社）というペーパーカンパニーを作る。そして、ＳＰＣが証券化によって作った各種証券を発行し、投資家に買ってもらう。

投資ファンドとは、一定の期間、投資家から資金を集め、大きな金額とすることで投資効果を上げようとする仕組み。ファンド自体はＳＰＣやその他の方式のペーパーカンパニーだが、ファンドを運用する投資会社には、ファンド・マネージャーがいて、投資先・期間などを決定する。また、ファンド運用会社は、特定の不動産賃貸事業など、必要に応じてＳＰＣを作るので、ファンド（しばしばＳＰＣ）の下にいくつもＳＰＣがぶら下がっているケースが多い。

不良債権ビジネスでは、いろんな形態のファンドが混在している。大きく分けると、不良債権に投資して儲けを分配しますよ、というのが不良債権ファンドであり、投資対象を不動産としているのが不動産ファンドだ。現実には、不良債権ファンドと不動産ファンドという言葉は結構、あいまいに使われており、不動産ファンドと称しているところが不良債権から出る不動産を投資対象にするケースもある。外資系の投資会社が設けたファンドの場合、ファンドが外国籍、投資家も外国人であり、日本で不動産を売買しているだけ、というパターンが多いので、姿はほとんど見えない。

ファンド運用会社が所属している金融グループは、法的に金融機関から債権を買って回収するビジネスが認められるサービサーを持つことが多い。実際の買い手（胴元）であるファンドは、買い取った不良債権から主に不動産を手に入れるのを目的としているが、サービサーがいると面倒な法律への配慮がいらなくなる。また、ファンド（各ＳＰＣ）に入れた不動産が生み出す賃料収入の回収や投資家への分配などの業務をサービサーへ委託することもできる。

逆にいえば、不良債権に特化したサービサーをみかけたら、背後に不動産を狙うファンドのグループがあるとみて、まず間違いない。その種のサービサーも担保不動産なしの不良債権を回収することがあるが、ＲＣＣほど熱心に回収に努力することはない。あくまで不動産で大きく儲けることが、不良債権買いの目的になっている。

ニュージャパン跡地の巨大ビル

不良債権の中にある不動産はそんなにおいしいのだろうか。

二〇〇二年十二月、東京・赤坂に三十八階建ての巨大ビルが完成した。米国の大手生命保険会社の名前を冠したプルデンシャルタワーだ。一九八二年に大火事を出したホテルニュージャパンの跡地として知られてきた場所にようやく新しい顔ができたのだが、破綻した金融機関が生み出した不良債権に優良な不動産が含まれていた好例でもある。不良債権を持っていたのは千代田生命保険（現・ＡＩＧスター生命保険）だった（全般的に、大手保険会社の不良債権には優良不動産が多いそうで、不良債権買いのプレーヤーから人気がある）。

ホテルニュージャパンの再開発が失敗した際、再開発を試みていた会社に六百億円もの資金を貸していた千代田生命には、巨額の不良債権が生じた。その回収のため、千代田生命は担保だったニュージャパン跡地の競売を申し立て、自己競落して取得した。そして九九年から、大手建設会社と組んで三十八階建てのオフィス・住居・商業施設の複合ビルを建設し始めた。計画されていた建設費は三百億円。だが、二〇〇〇年十月に千代田生命が破綻し、更正特例法に基づく会社更生を申し立てるに至る。

そして、二〇〇一年春に、建設途中のまま、千代田生命の管財人から、プルデンシャル・グループと森ビルが作ったSPCへ売却され、プルデンシャルタワーとなったわけだ。森ビルが発表した総事業費は建設費込みで六百億円超だった。

タワーは下から商業施設（飲食店・銀行・コンビニ）、三階以上にオフィス、そして二十六階以上が賃貸住宅（百二十五戸）。住宅の家賃は月額六十五万円～二百十万円もするので、住宅部分だけで年間に十数億円になる。店舗・オフィスの賃料も高額だろうことを考えると、年間に数十億円の賃貸収入が稼げる。この収入計画を基に、森ビルなどは巨額の投資を回収したうえで相応の利益が出るとみたわけだ。

「買って、バリューアップして、売る」不動産ファンド

さて、プルデンシャルタワーの例は、不良債権の中の優良な不動産だけの売買であったが、不良債権ビジネスを理解するヒントがつまっている。プルデンシャルと森ビルのＳＰＣの代わりに、別のＳＰＣ「ＡＢＣファンド」が買い取り、建設を完了し、賃貸営業を始めたと仮定しよう。ＡＢＣファンドがタワーから得る収入は、年間の賃料収入が五十億円あるならば、十二年間で六百億円に達する。実際には管理・補修コストが引かれるのでもう少し年数が必要だが、十数年で当初の総事業費を超え、それ以降は、まるまる利益になる計算だ。

景気の動向やその地域のビジネス拠点としての人気などによって、途中で賃料収入が下がるリスクもあるが、結構、魅力的な投資に見えてくる。

実はもっと有利な話である可能性が大きい。個人のマイホーム購入も同じだが、不動産を買うとき、自己資金に加えて多額の借り入れをするのがほとんどだからだ。ＡＢＣファンドが初期に必要だった六百億円のうち、半分の三百億円を自己資金、残り三百億円を借り入れで賄ったとすると、年間収入五十億円が六年余り続けば、借り入れと利息を払い終える。低金利時代の借り入れだから、そう利息も大きくない。

この時点で、ＡＢＣファンドは、タワーの資産価値を三百億円（初期投資した自己資金）より大幅に高く見積もってくれる買い手が現れれば、売却する選択肢もある。人気のある商業地にある築十年も経たない複合ビルだから、まだ十年や二十年、賃料収入も年五十億円の水準を保てると予測できれば、五百億円、あるいは六百億円という買い値が付くかもしれない。将来も自分で賃料収入を受け取ることを選ぶか、さっさと現金化したほうが有利なのか……。

現実のファンドはもっと短期間で勝負する。三百億円のファンドのカネを使ってタワーを完成させ、六百億円で売却し、投資家へ分配するまで数年で済ませれば、年率二〇％程度の利回りを上げましたと投資家向けに宣伝できる。究極的には、タワーを完成させる前にすぐ、土地と（建設途中の）建物を買った値段より二〇％高く転売できれば良いのだが、そんなことは起こりにくい。不良債権から取り出す不動産には、この例で追加投資をして建物を完成させ、テナントを集めたように、なんらかの手を加えることになる。占有者がいるなどの法律でクリアする問題がなくても、ある一定期間、管理の状態が低下していることが一般的だからだ。

不良債権ビジネスの参加企業からは、「買って、バリューアップ（価値向上）して、売る」

という単純化した仕事の説明を聞くことが多い。株式や国債など普通の証券投資が、「買って、保有して、売る」という作業の流れであるのと比べると、不動産ファンドはバリューアップすることに特徴がある。手を加え、力ずくで投資効果を上げているともいえるかもしれない。

企業再生ビジネスの登場

そんな不動産狙いだった不良債権ビジネスが、二〇〇二年に大きく変身し始めた。外資系ファンド、国内資本のサービサー、RCCと入り乱れて不良債権買いの競争が激化し、シンプルな不動産目当てのビジネスに旨《うま》みが減る一方で、政府が不良債権処理を促進する方針を何度も打ち出したことが後押しとなって、新たな不良債権ビジネスが生まれたのだ。それは、企業、あるいはその一部である事業の再生・再建だ。

不良債権処理を加速するためには、法的に破綻を認定されるか、そうならざるをえないと誰もが見る不振企業だけを対象にしているわけにはいかない。こうした破綻・破綻候補企業が生み出す完全な不良債権の上の層には、不良債権のグレーエリアがあり、そこにも破綻候補企業が含まれている。そこの企業群を再建しないと、グレーエリアから下へ来て、不良債権が増える。逆に、再建に成功すれば、処理すべき不良債権は減るかもしれない。

金融庁が公表している金融検査マニュアルは、「正常先」「要注意先」「破綻懸念先」「実質破綻先」「破綻先」という五段階の債務者区分を求めている。

○「正常先」
△「要注意先」（特に要注意なのが「要管理先」）
×「破綻懸念先」「実質破綻先」「破綻先」

このうち約束どおり返済が続いている「正常先」はもちろん不良債権ではない。経営破綻予備軍の「破綻懸念先」以下は、全額の回収は不可能と判断できているので、完全な不良債権だ。問題はその間にある「要注意先」だ。ここが広大なグレーエリアである。

マニュアルでは、「要注意先」について、金利減免など貸し出し条件の変更が行われたことや、返済に延滞があることなどを例示している。簡単に言うと「要注意先」は、銀行から見て、融資条件を変更したので返済されるメドがついている融資先企業のこと。

ここには、週刊誌などがよく書く「大手三十社」や「大手五十社」という問題企業が入っている。「要注意先」というグレーエリアが広すぎるため、実は「破綻懸念先」にあるはずの企業が含まれているのでは、との不信感が消えない。二〇〇一年に破綻したマイカルのように、ここに区分されていた大企業が破綻した例もある。

このため、金融庁は「要注意先」のうち、特に業況が不安定であるか、財務内容に問題がある債務者を「要管理先」として管理し、引当金をきちんと積み増すことを求めるようになった。同庁が二〇〇二年十月に出した「金融再生プログラム」でも、「主要行において要管理先の大口債務者については、DCF（ディスカウント・キャッシュ・フロー）方式を基礎とした個別的引当を原則とし、早急に具体的手法を検討する」と「要管理先」が資産査定厳格化のターゲットとなった。

しかし、銀行にとっては、大きな金額の手当てが必要な引当金の積み増しをする前に、努力してみたいことがある。それは、個々の融資先企業の経営再建を助けること。うまくいけば、融資先企業が少し立ち直り、「要管理先」から「（問題の小さい）要注意先」へ、また「要注意先」から「正常先」へランクアップすることもありうる。そうすれば、処理しなければならない不良債権が減り、引当金の積み増しが必要でなくなる。

銀行が融資先企業の再建を助ける作業を本格化したことを見て、興ってきたのが企業再生ビジネスだ。経営改善から銀行との返済条件緩和交渉まで指導するコンサルタント、返済条件緩和さえ得られれば自立できる企業への投資や融資、といった仕事をする企業・金融機関が急速に増えた。

たとえば、企業再生コンサルタントは、銀行と融資先企業との間に入って活動する。対象企業のために経営再建計画をしっかり作ったうえで、債権放棄を含め融資条件を緩めてくれるよう銀行と交渉する。銀行側も、個々の融資先すべてに対応できないが、コンサルタントから再建策の提示があれば、話に乗りやすい。また、銀行と融資先企業の話し合いがこじれていることが結構あるが、第三者のコンサルタントが参加すれば、条件交渉を再スタートしやすいこともあるだろう。

もっと目立っているのが企業再生ファンド。銀行から対象企業向けの債権を買い取ることや出資によって大口債権者や大株主となり、経営再建を指導することで、企業の価値を上げるファンドのこと。二〇〇一年秋に不振企業の再建にファンドを活用することを政府が打ち出し、予算枠を得た日本政策投資銀行が、出資を含め、民間のファンド作りを後押しした。

同様に政府の意向を受けたＲＣＣも、外資系投資銀行などと共に企業再生ファンドを設立。さらに、外資系ファンドも参入し、二〇〇二年中に、企業再生ファンド作りが盛んになった

（企業再生ファンドを含め再生ビジネスについて詳しくは第五章に）。

錦の御旗を得て活性化する企業再生ビジネス

二〇〇二年十一月、日本リバイバル債権回収というサービサーが営業許可を受けた。企業再生ファンド「日本リバイバルファンド」に付随して活動するサービサーで、担保不動産を目当てにしていないし、金融機関・ノンバンクの回収業務代行でもない、まったく新しいタイプのサービサーだ。

第七章で詳しく説明するが、日本リバイバルファンドには、東京三菱銀行や三井住友銀行、それに地方銀行多数が出資している。銀行が再生できそうだと判断する企業について、同ファンドと交渉し、債権の買い取りを求める。ファンド側も再生できると判断し、債権の売買価格が折り合えば、対象企業は同ファンドの管理下で再生するという仕組みになっている。日本リバイバル債権回収は、その際の債権買い取りを効率化するためだけに、設立されたサービサーだ。

ある銀行の融資先企業を再建するためには、返済計画を含む再建案を債権者たちに認めてもらわなければならない。この作業をスムーズに進めるためには、大口の債権者である（複数の）銀行から債権を買い集めたい。だが、ここでまた問題がある。銀行の債権には、根抵当権という強い抵当権が設定されているケースが大半なのだ。この根抵当権付きの債権を銀行がだれかに譲渡する場合、債務者の同意が必要となる。ということは、債権買い集めには、各銀行と債務者の間を行ったり来たりするのに、とてつもない時間と労力、コストを必要とする。ただし、サービサーへの譲渡なら、債務者への通知だけですむ。このメリットを使いたいがために、日本リバイバル債権回収というサービサーが作られたわけだ。実際の回収業務が必要になった場合は他のサービサーへ委託するという。

この章の冒頭で説明した通り、サービサー業界は、外資系ファンドなどのグループ会社（担保不動産狙い）と、金融機関の子会社として回収業務をする専門会社、それにＲＣＣとで成り立っていた。そこに、企業再生ファンドのグループ企業も加わったわけで、不良債権ビジネスの拡大は、サービサー業界の拡大をみても、わかる。

不動産から企業へ、不良債権ビジネスの対象領域が大幅に広がった。そして、金融機関と投資家の間の狭い範囲で仕事をしていた不良債権ビジネスのプレーヤーが、企業再生という錦の御旗を得て、堂々と活動するようになった。そのうえ、新規参入も相次ぎ、にぎやかになっている。これが、企業再生ブームの真相だ。

国内不動産系	
アトリウム債権回収サービス	アトリウム
グローバル債権回収	レーサムリサーチ

国内銀行系	
SMBCビジネス債権回収	三井住友銀行
あおぞら債権回収	あおぞら銀行
新生債権回収	新生銀行

その他	
東京債権回収	トリコ
三洋信販債権回収	三洋信販
整理回収機構	
オリックス債権回収	オリックス
アイ・アール債権回収	アコム、リサ・パートナーズ

主なサービサーとそのグループの中心企業

外資系	
プレミア債権回収	米GMAC
港債権回収	米ゴールドマン・サックス
やまと債権管理回収	米サーベラス
レンド・リース・ジャパン債権回収	豪レンド・リース
ハドソン・ジャパン債権回収	米ローンスター
キャピタル・サーヴィシング債権回収	米リーマンブラザース
ロンバード債権回収	米モルガン・スタンレー
パシフィック債権回収	米ケネディー・ウィルソン
ミレニアム債権回収	米ムーア・ストラテジック・バリュー・パートナーズ
エス・シー・ジェイ債権回収	米セキュアード・キャピタル
ベータウエスト債権回収	クレディ・スイス・ファースト・ボストン

第二章　処理から再生へ、新ビジネスのプレーヤーたち

外資がやはり強い不良債権ビジネス

不良債権を扱っている外資系投資会社の姿を普通には目にすることがない。彼らにしてみれば、外国人投資家のためのファンドを運用しているなら、日本で宣伝する必要がまったくない。日本では、債権買い取りのため大手金融機関と付き合うことと、高額不動産の買い手を探すことなど、狭い世界だけでも商売は成立するからだ。

何らかの形で、不良債権ビジネスに関わっている日本人に聞いても、全員が合意するような業界像はなかなか描けない。不良債権の売買では金融機関と外資系投資銀行などと相対取引が多いし、金融機関が不良債権を売るのに入札を実施しても、常に全メンバーがそろうわけでもないので、どこが強いともいえない。だが、少しずつ漏れてくる話を総合すると、大きな商売をやっているのは、ゴールドマン・サックス、ローンスター、モルガン・スタンレー、……。やはり外資が強いようだ。

資金力勝負の世界である、と同時に、頭脳戦でもある。こんな話も聞いた。外資といっても、働く人はほとんど日本人だ。だが、値段の交渉がなかなかまとまらず、強く交渉したいという場面では、外資側は必ず外国人を代表にし、英語で交渉する。そして「ニューヨークがノーと言っている」などと言い、妥協しない。すると日本の金融機関は、外資側の言い値に歩み寄る。「そのほうが金融機関も稟議があげやすいんじゃないのかな」と、この話を教えてくれた人が言っていた。

ケネディ・ウィルソン・ジャパン

自らの行動を縛り合う「銀行村」

顔の見えにくい外資系の中では、ケネディ・ウィルソン・ジャパンは数少ない例外の一つだ。二〇〇二年初夏、初めて同社の取材に行った私に、本間良輔社長は丁寧に不良債権ビジネスの現状を教えてくれた。

その時点では、一九九七、九八年頃によく言われた金融機関による不良債権のバルクセール（まとめ売り）はあまり聞かなくなっていた。バルクセールとは、比較的質の良い不良債権と質の悪い不良債権との抱き合わせ販売のこと。担保の不動産があまり値打ちがないなどの理由で、回収できる金額が低そうな不良債権は買い手がつきにくい。そこで金融機関は、値打ちのある担保不動産付きの不良債権などと混ぜて売る。だから、初期の不良債権売買では、数百億円単位の大きな話がちらほら報道されていた（バルクセールについては第三章で詳しく説明する）。

不良債権のビジネスは質的・量的に変化したのか、と質問すると、本間氏は、「本当の意味の不良債権処理が一段落して、破綻懸念先・実質破綻先のところに変わってきている」と語り始めた。本当の意味の不良債権とは、会社更生法の適用など法的整理の対象になった破綻先区分のことだ。

「依然として対象となるのは、破綻先に近いものが多いんですけども、一方で、銀行が破綻懸念先のほうの処理を少しずつ始めているんです。（その結果）、量的には一時的に、ちょっとしぼんでいるかもしれない」

具体的に何が起きていたのか。その他の取材をあわせ、簡単に説明してみる。会社更生法など法的整理になった企業向けの債権（過去の発生分）については、銀行はさっさと売却して大体の処理を終えた。その次に、破綻予備軍を処理する段になると、銀行は少しずつしか処理できなくなってしまった。同じ借り手企業に何行もの銀行が貸しているので、他の銀行の動きを見る必要が生じたからだ。

対象の企業はまだ倒産していないので、どこかの銀行が、経営改善策に協力するなり、法的整理の決断を促すなり、面倒を見なくてはいけない。最終的には、面倒を見る役割は最大の貸し手である銀行が果たすことになるのだが、そこまでの過程で、どこそこの銀行だけ逃げ出した、と非難されたくないので、早くは逃げられない。また、自行だけ債権を回収し損ねるのも損だ。そこで横にらみで、銀行は自分たちの行動を縛り合っていた。

二〇〇〇年、百貨店のそごうが破綻に至る前、新生銀行だけが債権放棄に応じないとつっぱねて、銀行村を驚かせたことがあった。新生銀行のように横並びの行動をしない銀行は、今でも珍しい。外資系はカネのことしか考えないが、日本の銀行は評判を第一にする、などとよく聞く。しかし、日本の銀行もカネ儲けのためにカネを貸しているのだ。最後まで行けば自分のカネのことを一番に考えるわけで、むしろ日本の銀行は意思決定が遅い、と言ったほうが当たっているだろう。

外資系は年率二〇％の利回りを期待する

そうして破綻予備軍向け不良債権の処理は少しずつしか進まない。ケネディ・ウィルソンは「処分しなくちゃいけない部分を引っ張り出して、処分させていただくとか、買わせていただくとか、売る手伝いをするとか、等々の切り口に関与している」（本間氏）ということだった。

ケネディ・ウィルソンは、米国カリフォルニア州に本社を置く不動産投資会社だ。一九七七年に不動産をオークションで販売する会社として誕生し、投資会社へ発展した。九五年に日本法人を設立したが、当初は、日本の大手企業・金融機関が海外に持っていた不動産の売却を仲介するのが主な業務だった。そして、その二、三年後に金融機関による不良債権処理が本格化したのを受けて、パシフィック債権回収というサービサーを設け、不良債権ビジネスへ参入した。

外資系は不良債権を買い叩いていると言われている。実際はどうなのかと聞いてみた。

本間氏いわく、「債権を買うときには、担保物件の価値を査定して、リスク・ファクター分を引き、自分たちの利益を確保したうえで値付けをするわけです。だから、一億円の価値があると思われる担保物件であった場合でも、実際には七千万円で買うのか、五千万円で買うのか、ということになる」。

リスク・ファクターというのは？ 「売れるか売れないかわからないですから。それから、売れるまでに時間がどれだけかかるのか、債務者さんが本当に同意してくれるのか……。いろんなリスク要因があります。特に時間の概念は大事です。五千万円で買って、三年後に一億円で売っても、採算が非常に悪い。半年以内に七千万円で売れたら、良いリターンになるかもしれませんね。いくらで買ったら、どれだけのタイミングで、どれだけキャッシュを回収できるのか。その見定めが私どもの専門知識ということになるわけです」。

ところで、本間氏に聞いたところでは、不良債権のバルク買いをしている外資系の投資会社は、年率換算で最低二〇％の利回りと非常に高い数字を期待する。投資の回収まで三年から五年と短いのも特徴だそうだ。

リスクを引き受けないと成功しない

本間氏が長く在籍した三菱商事は、一九七〇年代前半に米国でのホテル開発に失敗したことがあった。米国のデベロッパー主導でロサンゼルスに都市型ホテルを建設するプロジェクトを実施。結果的には建設費にオーバーランが出て、三菱商事は追加資金や保証を求められ、ホテルが営業してからの収益では全然賄えないほどの損失を被《こうむ》った。

それ以来、三菱商事にとって米国での不動産事業はタブーだった時期が十五年ほどあった。それを一九八八年に再開させたのが本間氏。サンフランシスコ近郊にリミテッド・サービス型のホテルを開発するプロジェクトだった。リミテッド・サービス・ホテルというのは、部屋は広くて使い勝手が良いが、従業員は少なく、レストランも外部業者を入れるなど、過剰なサービスは一切しないため、粗利が多く見込める。かつて失敗したのは都市ホテルで、今度のものは違いますと力説して、会社の承認を得たという。

このプロジェクトを本間氏に持ちかけたのは、当時、すでに米国での不動産開発に独力で乗り出していた金子修氏。現在、日本でも不動産投資を活発にしているダヴィンチ・アドバイザーズの社長だ。さらに個人投資家十数人を集めてのプロジェクトで、三菱銀行が融資した。この融資は、当時の日本の銀行としてはめずらしい、プロジェクトだけを担保とするノンリコース・ローンだった。

ホテルは順調に営業を始めたが、その後の三菱商事の戦略転換で、金子氏に持ち分を引き取ってもらい、撤退した。だが、本間氏および三菱商事にはそれをきっかけに米国での不動産投資事業に縁ができ、九〇年代の初めには、アパートに絞って投資を本格化することになった。米国の不動産関連の会社とも共同作業をするのに慣れて、三菱商事主導での仕事のやり方を確立した。

本間氏は、こうした米国での不動産投資の経験でいくつか教訓を得たという。リスクが大きいかもしれないが、ジェネラル・パートナー（主導的な出資者）になること。そして、米国のデベロッパーとは、組むという意識でなく、使うという意識でつき合うことだ。そのため、デベロッパーにもマイナーな出資をさせ、成功報酬でカネを払うことを徹底した。この仕組みなら、持ち分がマイナーでも、良い仕事をすれば多くの利益を配分するというアメを与えられる。本間氏は、日本でも今、この方法を踏襲している。

それは良い体験でしたね、と聞くと、本間氏は「私のベースにある貴重な体験は、アメリカよりむしろバグダッドの三年間です。七九年から八二年の三年間でした」と別の方向へ話が飛んだ（ように思った）。イラクのフセイン大統領から三菱商事が放送局の建設工事を受注し、東芝の技術陣やインドの建設会社といった混成部隊を率いて、完成させた。そして、貢献度合いに応じて、また、背負ったリスクに対応させて、儲けを分配したプロジェクトのまとめ役が本間氏だった。八〇年からはイラン・イラク戦争も始まり、工事を中断したことなど、苦労が絶えなかった。イラクでの体験のいろんな要素がその後のビジネスに役立っているそうだ。

本間氏は一九九六年、ケネディ・ウィルソンへ移り、日本へ帰ってきた。五十歳を期しての新しいチャレンジだった。そして最初は日本企業の海外資産を売る仲介。「正直ね、アメリカの投資家が日本に上陸してきて、不動産に投資するなんて、夢想だにしませんでしたよ」と振り返る。それが間もなく間違いだったとわかる。

九九年、米国の有力投資会社と共同で、リクルートが川崎市に保有していたデータセンタービルを買うプロジェクトを成功させた。この件は、オリックスが日本で初めてノンリコース・ローンを提供した事例でもあった。それ以降、本間氏は、日米両国で経験を積んだプロ集団として発展できると自信を持った。

アセット・マネジメントという仕事

アセット・マネジメント。かつては「資産管理」または「資産運用」と機械的に翻訳された言葉を、外資系ばかりでなく日本の不動産投資業も、訳さないで使う。マネジメントに、企業の経営と同様に、複雑・高度な作業のニュアンスを込めて使うためだ。アセット・マネジメントは、対象の不動産を活用して収益を上げる、やがて売却して投資の儲けを確保する、といった一連の仕事が含まれる。つまり、不動産に投資するファンドから委託を受けて、不動産の価値向上を図る任務を負う。

ケネディ・ウィルソン・ジャパンは今、アセット・マネジメントを主業務にしている。外資系のほか、商社や生命保険会社など国内の機関投資家と組み、ファンドを作り、そこからアセット・マネジメント業務の委託を受ける。投資家の期待する不動産を見つけ、上手に運用することで、投資利回りを上げる。大きなリターンを達成すれば多額の成功報酬が入る以外に、不動産買い入れや売却の際の手数料、年間いくらのアセット・マネジメント料が入ってくる商売だ。

同社の顧客である投資家が少しずつ変わってきたという。本間氏は「だんだんと色が変わってきている、ということですね。アメリカの投資家でも、欲深度《よくぶかど》の低い投資家にスイッチが進んでいる」と語る。米国で不動産業のサイクルを見てきた経験から、次が読めるとも言う。

不良債権から、既存の不動産、そして新しい不動産物件の開発へ。そのサイクルのほか、レジデンシャル（居住用）とオフィスのどちらに需要が傾くか、場所的にどこに需要が移るか、などを判断して、「間違いなく投資先を案内していくことが我々の仕事」（本間氏）。日本は今、既存の不動産から、新たな収益物件の開発もするステージへと差し掛かっているそうだ。

アトリウム

敬遠された不動産物件で勝負

日本の不動産会社でも、早くから不良債権ビジネスへ進出していたところもあった。その一つに、アトリウムというセゾン・グループの不動産会社がある。従業員二百人余りで、年商四百億円程度。不動産業界では、これから上位をうかがう位置にいる規模だ。

不良債権処理がクローズアップされたのは一九九〇年代の終盤だが、一般の不動産市況は九一年頃をピークに下り坂へ向かっている。不動産物件さえ手に入れれば、すぐに値段を高くして転売できた時代から、安くしたところで売りにくい時代への急転換。不動産会社は軒並み、天国から地獄へ落ちた。

その地獄が認識され始めた一九九二年に、アトリウムは不動産ビジネスに本格的に参入した。しかも、不動産業界でも敬遠されていた競売物件で勝負すると決めて。髙橋剛毅社長は「多少リスクはあるけれども、そのリスクをきっちりとえぐり出せれば、不動産業界の中でも収益性の高いビジネスが作れるだろうと、決断した」と振り返る。当時は今よりも、競売物件というと、暴力団絡みの「競売業者」だけの世界だった。そこを事業化したことに、高橋氏は誇りを持っている。

扱ってきたのは居住用物件が中心。平均的な仕事のリズムは、毎月、一千件の競売にかかる物件を調査し、うち五百件に入札、そして百件程度の落札に成功するといった具合だ。手に入れた物件は、自前でリフォームし、価値を付加して販売するという流れになるのだが、それぞれの作業は簡単ではない。

強制執行で立ち退きをせまりやすくなるなど、近年の法改正で状況は良くなってきたものの、今でも買った物件に占有者が居ることが多い。これまでは、対象物件の敷地内に入れないので、建物の中の様子も外からぎりぎりできる調査をしたうえで、経験から推測するしかない。ここで間違うと、仕入れ価格が高すぎる可能性が出てくる。

買った後、占有者を立ち退かせる問題もある。素人でも、少しでもカネをせしめようと居座っている。アナトリウムとしては、そうそう裁判所に強制執行を申し立てられない。かといって、立退き料をはずんでいたら、商売にならない。そこで、「相手に理解してもらうまで何度でも交渉するよ、という愚直さが必要になる」（髙橋氏）。

そしてようやくリフォーム作業へ。先住者の跡を払拭するクリーニングの後、物件に応じて改造する。バブル崩壊直後なら、クリーニング作業だけでも、割安感のある物件として売れたが、次第に高い付加価値を求められるようになっているそうで、今は、ほとんど別の住宅に見えるほどのフル・リフォームを施す。街並みに合わせ、外壁まですっかり塗り替えることもある。

たとえば、最近、同社が広告にも載せていたリフォーム例には、二階建てカラオケ店を通常の住宅に変身させたものがあった。重量鉄骨作りだったためできた大改造だが、店舗だった一階部分は前面を開いて道路側を駐車場にし、一階奥と二階全部を居住スペースにした。さらに、石積み風の外壁に仕上げ、元の店舗の形を想像できないくらいに変えた。

アトリウムは年商四百億円に対し、約四十億円のリフォーム費をかけているという。東北地方から近畿地方までの地元の不動産会社のネットワークを組織しており、そこを通じて販売している。

本当の処理とはエンドユーザーに売り切ること

アトリウムのグループ会社にはサービサーがある。そのアトリウム債権回収サービスが営業許可を得たのは九九年七月と早く、ちょうど外資系によるサービサー設立ラッシュ時期と重なっている。

　競売に持ち込まれる物件は、いわば出涸《でが》らし。金融機関にとっては、換金しやすい担保不動産なら、借り手企業を説得して任意で売却へ持ち込みやすい。このあたりがお茶の香りが強い出花。次に、比較的権利関係がすっきりしていてバルクセールに混ぜやすい物件はさっさと外資の投資会社に売る。ここで買った外資か、銀行が売りにくいために持ち込んでくるのが裁判所の競売であり、かなりお茶の香りも薄くなっている。そんな出涸らしでも売れる物件に変える自信があるアトリウムは、上流にさかのぼって、香りの濃い物件を手に入れようと目論んでいる。

　高橋氏は、「付加価値を高めて、エンドユーザーに売り切って、はじめて債権回収は完成するのではないか」と強く言う。競売の現場で、外資系投資会社や大手銀行がただ換金するため物件を持ち込んでいるのを観察しながら、「(サービサーに期待されているはずの)サービサーが買って再生する、蘇らせるというのは、どこまでできているのか」と懸念と疑問を感じている様子である。

　そのうえ、整理回収機構（ＲＣＣ）が買い取った不良債権をほとんど自分で処理する仕事のやり方にも疑問を投げかけている。「アメリカで不良債権処理が短期間でできたのは、Ｒ

TC（整理信託公社、日本のRCCにほぼ相当）が小口で売り出したから。われわれが案件をほしいから言っている面はありますけど、もっともっと民間のサービサーに売ってくれないと早期処理にはならない」。

ここで少し寄り道になるが、RTCのことに触れたい。米国で一九九〇年代前半に、S&L（貯蓄貸付組合）という中小金融機関が相次いで破綻したのを受けて、不良債権を一括処理するための専門機関RTCが設立された。そのRTCは、サービサーなど民間の会社をうまく使い、迅速に高い回収率を達成した。一方、現在の日本では、RTCの経験に倣って設立・改組されてきたはずのRCCは、自ら回収にあたり、民間サービサーと競合している（ここがRTCのT〔トラスト＝信託〕に当たる部分にC〔コレクション＝回収〕を付けたRCCとの違いである）。

ということで、日本のサービサー各社の間では、RCCは競合相手になるのではなく、多くの仕事を民間サービサーへ回す機関になるべきだという意見もある。

「イグジット（出口）戦略が明確であれば勝てる」

アトリウムは、競売物件の再生に取り組み続ける一方で、大きく変身しつつある。外資と組んでの不動産ファンドにも進出したのだ。もっとも髙橋氏の眼から見れば、保有した不動産の価値を上げることで投資利回りを稼ぐファンドのビジネスは、アトリウムの通常業務の延長線上にあったのかもしれない。そして、サービサー付きの不動産会社として、外資からの提携申し込みは多かったという。

二〇〇〇年春に不動産投資運用会社エー・エム・ファンド・マネジメントを設立。約二年の準備期間を経て、二〇〇二年春に第一号ファンドを立ち上げた。米不動産投資会社ウォルトン・ストリート・キャピタルと、投資銀行クレディ・スイス・ファースト・ボストン子会社との三社共同出資。ローンを含め三百億円規模のファンドだ。

およそ外資と付き合いのなかったアトリウムが、外資との提携に至る前には、一人のキーマンがいた。エー・エム・ファンド・マネジメントの副社長を務める塩田芳信氏だ。塩田氏は、九七年以降、外資系投資会社側でバルク買いに実績を積んだ後、独立をめざした。そしてアトリウムをパートナーに選んだ。それまでに不良債権ビジネスに参入していた日本企業はいくつも知っていたが、「アトリウムが一番頼もしく思えた」（塩田氏）。

しかしファンド立ち上げまでは難航する。塩田氏は「二年のうち途中で何回もやめようと思った」と言う。アトリウムと海外企業の計三社が同等の立場で共同投資になる条件を整えようとすると、日本の法や規制が立ちはだかったのだ。諸官庁と話し合い、いくつもの問題をクリアしたが、それでも問題が残った。

たとえば税制。ファンドが採用した匿名組合方式では、源泉徴収で二〇％の税がかかる。出資者に入っている米国の年金は本国では納税義務がなく、日本で払った税の還付を受けることができないので、その分がマイナスになる。結局は、そんな投資家を満足させるように、非常に高い利回りを上げなければならないことになった。

アトリウムは、ファンドには高額の物件を入れて、従来どおりの付加価値向上を図る方針。塩田氏は、「日本は制度の変革期であり、投資機会は広がる。流動性の低い資産を次のステージではいくらで売るのか、というイグジット（出口）戦略が明確であれば勝てる」と自信を見せている。アトリウムの高橋社長も「次には、日本の機関投資家にも宣伝して、日本版のファンドを作りたい」と語った。

クリード

日本人二人で立ち上げ、流れに乗る

「日本における不良債権ビジネスの流れに乗って発展した会社」というイメージに最も近いのは、クリードだ。新興の不動産投資会社でありながら、企業再生ファンドまで業務領域を広げている。一九九六年に、宗吉敏彦社長と松木光平副社長、当時三十歳前後だった学生時代の友人二人で会社を起こす。そして、それぞれが前職で身につけた不動産開発と会計の技能を生かして仕事を探していたところ、日本に不良債権を買いに来た外資系投資会社たちと出会った。

外資の進出は、たいてい一人か二人でオフィスを開くところから始まった。そして、業務をどんどんアウトソース（外部委託）する。クリードには請け負える仕事があった。デューデリジェンスと呼ぶ、物件の調査から値付けまでの仕事だ。不良債権のデューデリジェンスは、不動産の鑑定評価と似ているようで違う。銀行の抵当権がどれだけ付いているかなどでも値段が変わる。

この仕事を得意分野にしようと判断したクリードは、一生懸命に取り組んだ。その結果、安定してデューデリジェンスの委託を受けるようになり、年間千件のペースでこなしている。クライアントは日本でも有名な投資銀行、不良債権専門の投資会社など多様であるらしい。

「結果的には早い時期に参入したんだと思います。たまたまですけど」と副社長の松木氏がさらりと言う。たまたま、はまだ続いた。外資の投資会社による不良債権買いの仕事に付き合っているうちに、「評価に自信があるなら投資してみるか」と誘われ、ちょっと投資してみた。九九年のことだ。

ニーズに応えて企業再生コンサルティングへ

不良債権ファンドへの投資は、投資を回収する作業もついてきた。不良債権から不動産を取り出し、改良、やがて売る、という一連の仕事を覚えることになった。二〇〇〇年、アセット・マネジメントも事業化した。ファンドから請け負って、投資された不動産がきちんと賃料収入を稼ぐようにし、ファンドが望めば売り先も探す。

松木氏の経験では、不良債権絡みで獲得した不動産は、(金融機関からの負債が多かった)オーナーが価値を維持しようという意欲を失っているケースがほとんどで、割と簡単に価値を上げることができた。きれいに掃除し、必要な修繕をし、玄関に花を置くだけで見違えるようになったものもあったという。また、所有者が替わり、きちんと管理する姿勢が見えるだけで、テナントが入ってきやすい効果もある。

二〇〇一年初めに、クリードはナスダック・ジャパン（現ヘラクレス）上場を果たす。現在ではヘラクレスや東証のジャスダックに不動産投資業の銘柄は結構あるが、新興勢力では先頭を切った。当時、「不良債権はもうなくなるのではないか。その時、クリードは仕事をどうするのか」と言ったアナリストもいたそうだが、その予想を裏切り、クリードは業績を順調に伸ばした。二〇〇二年五月期の決算で売上高が四十六億円、経常利益が七億円程度になっている。

二〇〇一年末に、クリードコーポレートアドバイザリーという子会社を作り、事業再生コンサルティングも事業領域に入れた。これは、破綻予備軍の企業向け不良債権の処理に銀行が乗り出したのに対応したものだ。「結構、やってよ、というニーズがあったから」と松木氏は説明する。ニーズは、外資からも、債務者企業側からも来た。

破綻予備軍の不良債権は、破綻した企業向けのものより、処理にいたるまで手間ひまがかかる。担保になっている不動産を買い取ろうにも、どういう形で破綻させるのかが決まっていない。あるいは一部の優良事業部門だけ切り出して生き残らせることができるかもしれない。この場合、買い手を探すために、事業部門だけで評価し、値段を出すニーズもある。

債務者企業からは、「なんとかしてくれ」と漠然とした依頼も来る。金融機関側でないので自分たちに優しそうだし、外資系でもない、クリードのそんなところが中堅企業を惹《ひ》きつけるのかもしれない。クリードは、不動産活用のノウハウを活かして、再生コンサルティングをしている。「そんなに大きくはなりたくない。アメーバのように生き残っていきたい」と松木氏はクリードの将来を語る。

ダヴィンチ・アドバイザーズ

年率三四%の運用成績

新しく興った日本の不動産投資会社で、最も先行したのはダヴィンチ・アドバイザーズ（ヘラクレス上場）だ。ダヴィンチが、というより社長である金子修氏が、ケネディ・ウィルソン・ジャパンのところで書いたように、日本人のフロント・ランナーだった。金子氏は、一九七一年に米国の大学を卒業した後、長谷川工務店（現・長谷工コーポレーション）の米国法人に勤務した一時期を除いて、自分で不動産会社を経営してきた。本場で不動産投資業を学びながら実践してきたわけで、九七年前後からにわかに参入の増えた日本の不良債権・不動産投資ビジネスの中でも、際立った実績を持っている。

ダヴィンチは二〇〇二年十一月に、一千億円の一任勘定不動産ファンドを運用開始すると発表した。その際、当時、平均百億円のファンド九本を運用しており、六十五棟の収益不動産を買収した後、再生したことや、同年中に二十八棟の売却を予定していることを明らかにしていた。ファンドの数が多いだけでなく、運用成績も平均ＩＲＲ（内部収益率）三四％と高い（ＩＲＲは投資の評価のためによく使われる数字だが、計算が難しいので、われわれ素人は、投資したカネが年率複利で三四％成長したらしい、と理解しておこう）。

レーサムリサーチ

「不良債権を買おう」キャンペーン

レーサムリサーチ（ジャスダック上場）も、社長の田中剛氏が自力で立ち上げた不動産投資会社だ。二〇〇一年秋に「不良債権を買おう」という大きな新聞広告を打って、話題になったこともある。ビジネスの領域は、アトリウムに似ており、サービサー子会社を持ち、不良債権から取り出した不動産の再生を得意にしている。早くから、米穀物商社カーギルの投資会社など外資系投資会社と組み、ファンドによる大口の投資を手がけている。

そのほか、グループ内にサービサーを持っている不動産投資会社として、リサ・パートナーズがあるし、ダイナシティ（ジャスダック上場）にも一時、サービサー子会社があった。また、クリードのようにデューデリジェンス業務から不動産ビジネスに参入した企業としては、パシフィックマネジメント（ジャスダック）があるが、こちらも現在は企業再生の領域を志向しており、東京三菱銀行、三井住友銀行などとともに日本リバイバル・ファンドに出資している。

また、不良債権ビジネスは、四大銀行グループなど一部の大手金融機関だけが対象ではない。地方銀行や信用金庫など地域密着型の金融機関も不良債権処理を急いでいるため、同様のビジネス・チャンスが広がっている。地方の金融機関については、オリックスやあおぞら銀行が、それぞれサービサーとファンドを組み合わせたグループでがんばっており、ＲＣＣを交えて、不良債権買い取りを競っている。

不良債権ビジネスの流れとカラクリ

ここまでの話で、主要な不良債権ビジネスの流れがつかめただろうか。

まず、不良債権を買う人々（投資家）と金融機関（銀行・保険）との接点には、サービサー、サービサーをグループに持つ投資会社がいる。デューデリジェンスと呼ぶ値付け業務は別の専門会社に委託することも多い。外資、ＲＣＣ、国内資本の投資会社が、金融機関との相対取引や、入札で、不良債権買い取りを競っている。

サービサーなどのバックには多くの場合、ファンドがある。投資家から集めたカネを不良債権または不動産に投資して運用するファンドだ。数十億円から一千億円級までファンドの規模はさまざま。この資金があるからこそ巨額のバルク買いができるのだが、逆に、この資金を使う以上は、大きなリターンを稼ぎ出さなくてはならない。

ファンドを作る投資会社は、大きく稼ぐことを狙っているため、不良債権といっても、大きな金額を占める担保不動産にしか興味がない。オフィスビルや賃貸マンションなど賃料収入が入ってくる不動産を対象に、権利関係をきれいにし、実際の物件も掃除し、場合によっては改造・改装をして、安定した収益を稼ぐ物件にバリューアップする。賃料収入というインカムゲインを稼ぎ、その収入の中から買い取りに使ったローンを返済する。そしてやがては、他者に転売してキャピタルゲインを獲得する。

投資効果を上げるため、短期勝負をする。買い値から売り値までの差額が同じであれば、短い期間で売れたほうが投資利回りは高いと計算されるからだ。先ほどはバリューアップする例で説明したが、何も手をかけないで転売できるなら、すぐに売る。ファンドの投資期間が十年ほどのものが多い企業買収のケースとは違って、不良債権・不動産のファンドは三年、五年程度を投資期間とするものが多い。企業まるごとより不動産だけのほうが改造も簡単で、転売も楽だからだろう。

また、ファンドを作った投資会社は、対象の不動産事業を経営して収益を得る業務（アセット・マネジメント）を手がけ、ファンドから何種類かの手数料を取ることが多い。不動産の売買、不動産を維持管理してテナントから賃料を得ることなどで手数料をファンドから受け取る。こうして最低限の儲けを確保したうえで、大きなリターンを実現した時には、成功報酬も得る。ここで、胴元が最低限のアセット・マネジメントだけで稼ごうとしていると投資家が疑念を抱かないように、また、ファンドの利回り向上に全力で取り組むためファンドにも出資者として名を連ねるのが普通だ。

一概には言えないが、年率換算（ＩＲＲ）で十数％〜二〇％程度というのが、利回り目標になっているようだ。

個人投資家でも買える「ＲＥＩＴ」

ところで、不動産ファンドというと、ＲＥＩＴ（リート＝不動産投資信託）もある。東京証券取引所に上場している不動産ファンドで、個人投資家でも、投資口と呼ぶ株式のようなものを買うことで投資することができる。二〇〇一年九月に始まって以来、六銘柄が上場されている。

当初、三井不動産を中心とした日本ビルファンドと、三菱地所などのジャパンリアルエステイトという大手不動産会社主導で、しかも設立母体の大企業が保有していた不動産を組み入れただけの形で始まった。そのため、不動産会社の一部門の株式を持つようなもの、といった印象が強かった。

その後、特色のある銘柄も登場し、それなりに個人投資家にも人気を呼んでいる。三菱商事とＵＢＳグループが作った日本リテールファンドは、ショッピングセンターなど商業施設中心。オリックス単独のオリックス不動産は、オフィスからホテル、住居物件まで幅広く組み入れている。二〇〇二年中、ＲＥＩＴに投資していると、平均利回りは五％前後だった。

ＲＥＩＴを不良債権ビジネスから登場した私募不動産ファンドと比較すると次のようになる。

《私募不動産ファンド》少数の大口投資家が対象。

リスク・リターンはハイ（高）～ミドル（中）。

《ＲＥＩＴ》個人まで幅広い投資家が対象。

リスク・リターンはロー（低）～ミドル（中）。

不良債権から取り出した不動産を投資対象とした会社の間では、投資の出口戦略としてＲＥＩＴに期待をかけていたところもあった。

ゴールドマン・サックス・グループは二〇〇一年夏に自前のＲＥＩＴ法人で金融庁から認可を得た。しかし、その年の末には、日本の株式市場全体の地合《じあい》が悪いのをみて、上場延期した。上場していれば、不良債権から出た不動産を比較的ハイリスク・ハイリターンのファンドで再生した後、個人投資家も買うＲＥＩＴへと一貫したルートができたはずだった。

また、自前でREITを作る気のない不動産投資会社の間でも、REIT銘柄用としてREIT法人へ不動産を売ることも考えられていた。実際に、オリックス不動産のポートフォリオの中にはダヴィンチ・アドバイザーズから買った物件もある。だが、REIT銘柄は市場の設立頃に予想されたほど急速には増えなかった。みずほグループのように、認可を受けた法人を解散するところもあった。

さらに「三井不動産や三菱地所を代表とする伝統のある大手不動産会社は、新興の不動産投資会社を胡散《うさん》臭い奴らとみているので、付き合わない」（不動産業界誌の編集者）という関係で、不動産ファンドのリスク・リターンに応じた共存共栄はなかなか図られない。上場REITから、プライベートなハイリスク・ファンドまでの裾野の広い不動産投資市場が日本に出来上がるまでは、少なくとも相当な年数を必要とするようだ。

不動産投資の常識は変わった

だが、裾野が広くなくても事業収益に基づく不動産投資ビジネスが出来上がったインパクトは軽視できないだろう。一昔前の日本では、不動産への投資というと、ただ土地を買って保有し、値が上がったところで売るというものだった。しかし、地価の長期下落傾向が続いている今では、こんな投資をする人はいなくなった。代わりに、その不動産を使ってどれだけ儲けられるか、と考えることが不動産投資の常識になった。

ときどき、「日本経済さえ立ち直れば地価は再び上がる」という人をまだ見かけるが、そんな夢を見ていないで現実を直視しよう。使い道がないただの地面の価値（地価）は、限りなくゼロに近づくだけだ。だが逆に、その土地の上に、最適な建物を置くことを考えれば、現時点でも、投資できる不動産はいくらでもある。そして、不動産投資ビジネスを観察すれば、不動産投資のヒントがあふれている。

第三章　外資が作った不良債権市場

外資系ファンドは本当に不良債権でぼろ儲けしたのか

一九九七年——、一般には、日本の金融危機が本格化した年として記憶されている年だ。北海道拓殖銀行の破綻や山一證券の廃業によって、日本中が、大手金融機関も倒産する可能性があることを思い出した。それでも我々日本人は、タイの通貨バーツの急落などアジア各国が金融・経済危機に直面しているのを横に見ながら、日本はまだ強いと信じていた。

そして、外資系投資銀行・投資会社が日本の大手銀行から大量に不良債権を買い始めたのも一九九七年だった。東京三菱銀行や住友銀行（当時）が大量に不良債権（不動産担保付き債権）を外資に売ったことが大きな新聞記事になった。買い手として登場したのは、米穀物商社最大手カーギルの金融子会社、ローンスター、ゴールドマン・サックスなどだった。

その後、現在にいたるまで、「外資のハゲタカファンドが不良債権を買い叩き、ボロ儲けしている」話が、一般週刊誌や経済誌などで流行した。また、企業へ投資する買収ファンド（バイアウト・ファンド）のことも、ごっちゃにして語られる場合が多かった。不良債権から破綻ゴルフ場や破綻企業まで、外資が安く買えるものは何でも買っているというイメージがかなり広がっているのではないだろうか。だが、「外資ファンド」とひとまとめにすると、多様な商売のやり方が見えなくなる。

ゴールドマン・サックスやローンスターのように、不動産（不良債権）ファンドと買収ファンドの両方を運用している投資会社も多いが、リップルウッド・ホールディングスのように買収ファンド専業もある。買収ファンドは、必ずしも破綻企業を投資先とするわけではないので、優良不動産専門の不動産ファンドと同様に、不良債権ビジネスの隣接分野にいると考えたほうがいい。むしろ、二〇〇二年に日本に新しく登場した企業再生ファンドのほうは、不良債権ビジネスの範囲内だ（企業再生ファンドは第五章を参照）。

ところで、はたして外資系ファンドは不良債権でボロ儲けしているのだろうか。これは、どういう商売のシナリオを描いていたか（不動産価格の下落傾向が続くと読んでいたか、などど）と、シナリオ通りに実行できたか（想定した価格で売買できたか、など）、にかかっているが……。

我々はあまりに彼らのことを知らない。

外資は正確に不良債権の規模を予測していた

「日本には不良債権が積み上がりつつある。その規模は二千五百億ドルから一兆ドル以上のレベルであると推定される」

一九九七年春時点でのある外資会社の人の予測だ。一ドル＝百二十円で計算すると、三十兆円から百二十兆円。三十兆円は日本の銀行が公表していた数字と同じ水準だが、上限の数字は当時の予測としてはかなり大きな数字だった。

公表数字（金融庁集計、銀行、信金・信組）の金融再生法開示債権は二〇〇二年三月末で五十二兆円程度である。五年間に処理された分を足して九七年春時点にあった不良債権額としてみれば、九十兆～百兆円となり、外資の予測に結構近づく。

しかし、公表数字では不良債権そのものが（不況の影響で）増えていったことになっているので、比較にならない。日本政府公認の数字と、外資の見方は大きな隔たりを残している。二〇〇一年六月の時点で、ゴールドマン・サックスの著名な銀行アナリストであるディビッド・アトキンソン氏が推定した数字はさらに大きく、日本が抱える不良債権は二百三十七兆円と言っていた。

外資系投資会社は早くから日本に巨大な不良債権があることを見破り、集中攻勢をかけてきたのである。そして、実際にビジネスを成立させた。その後も日本の金融機関が不良債権に苦しみ続けている様子を考えると、日本国民は当局や銀行にだまされ続けている印象を受ける。我々は外資の行動を知り、早く追いつき、追い越すことに挑戦したほうがよい。

回収システムの整備が遅れた日本

九七年春時点として引用した予測は、現在、投資アドバイザー会社グローバル・プロスペクト・パートナーズ（GPP）の代表で、当時、カーギル・フィナンシャル・サービシーズのマネージング・ディレクターだった塩田芳信氏が、米コロンビア大学で行なった講演の一節だ。不良債権一兆ドルの予測は、米国基準の債権分類による数字から計算した、という（Yoshinobu Shiota, "Update on Japanese Bad Debt Restructuring", Working Paper No.130, Center for Japanese Economy and Business, Columbia Business School, April 1997）。

塩田氏の分析を参考に、当時の日本の不良債権市場を振り返ってみると、《不良債権の集中的な買い取りが始まったが、譲渡や証券化による処理はまだこれから》という状況だった。

集中的な買い取りでは、まず、九三年から、民間の銀行が共同出資して作った共同債権買取機構（CCPC）が活動していた。CCPCは銀行から不動産担保付きの不良債権を買い、回収するために設立された。また、九六年には、住宅金融債権管理機構（住管機構）と整理回収銀行が、預金保険機構の子会社として設立されたところだった（住管機構と整理回収銀行は後に合併して整理回収機構に）。つまり、この時代には、通常の銀行は不良債権をCCPCに売る方法があり、破綻金融機関の不良債権については専門の買い取り機関があった。

その半面、集中管理の後に来るとみられた、多様な回収方法はできあがっていなかった。たとえば、銀行が手っ取り早く債権を公的機関以外の他者に譲渡すると、国税庁がどう判断するか、という問題が重くのしかかった（課税基準がはっきりしない問題は今も銀行にとって厄介な問題だ）。早くから不良債権処理に効果があると言われていた証券化については、法律の整備がまだ始まっていなかった。

こうした状況分析をしながら、塩田氏は変化の予兆も見ていた。大手銀行の一部が不良債権の売却へ向け決意を固めた、という感触を得ていたからだ。

不良債権を（公的機関以外の他者に）売却・譲渡することで処理する手法は、日本の銀行にとって初めて、というほどでもない。一九九〇年代の前半に、中南米の危機によって生じていた不良債権を売った銀行があった。米国のLBO（レバレッジド・バイアウト）ファンドが企業買収をした時に融資したものの、ファンドの失敗で不良債権と化し、それを売却した銀行もあった。いずれも海外での売却だった。

また、九五年には、三菱銀行が不良債権をまとめてＳＰＣ（特定目的会社）に売り、そこから担保不動産を裏づけにした証券を発行したこともあった。銀行が七〇％の元本保証をしたこともあって、うまく売れた。富士、三和、あさひ銀行も追随した。

塩田氏は、その頃、ミネソタ州ミネアポリスのカーギル・フィナンシャル・サービシーズ本社において、日本戦略を担当していた。早くから投資の対象として不良債権に目を付けていたが、問題があった。不良債権といっても売って高額が入るのは不動産。買い手になる可能性がある人は誰か、などの情報は、不動産が位置する場所、つまり地元にしかない。日本側にローカル・パートナーがいないと仕事にならないのだ。

同じような目的を持っている米国の投資会社いくつかが、九〇年代初めには、東京にオフィスを構え始めていた。ケネディ・ウィルソンやセキュアード・キャピタルなどだ。もちろん、ゴールドマン・サックスなど証券業務もある投資銀行は、すでに東京に拠点があった。

塩田氏は、九四年秋から二ヶ月に三回のペースで東京に飛んだ。そして、パートナーとして適任の企業を探すため、片端から可能性のある人に会っていった。大手不動産会社から、小回りの利く比較的小さな不動産会社、果ては、八〇年代の地上げ屋まで。大手は細かい物件まで扱う気がない。後に塩田氏が独立してパートナーを組んだアトリウムも訪ねたが、外資と組むなんて想像もできないといった感じだった。

カーギルは、一九九七年三月に、東京三菱銀行のバルクセールを実現させた。日本国内初のバルクセールだった。不良債権市場では、セキュアード・キャピタルとレーサムリサーチがカーギルのアセット・マネジメント会社だったと言われている。

S&L危機で活躍した十万人のプロが狙った日本市場

バルクセールは今では結構、知られている。不良債権のまとめ売りのことだ。「BULK SALE」の項を『バロンズ不動産用語辞典』で調べると、「この販売方法は一九九〇年代初頭にRTCによって、大量の資産を一時に売却するために使われた。買い手は、優良な資産とともに不良な資産も買うことを強制された」と説明がある。売り手は、あまり高く売れない不良なものほど売りたいが、それだけでは買い手がつかない。そこで、比較的優良な債権と不良な債権を抱き合わせ販売するのだ。

米国では一九八〇年代後半に、小規模な金融機関であるS&L（貯蓄貸付組合）が不動産関連の融資などで失敗し、相次いで破綻。S&L危機とも呼ばれた。その処理に活躍したのがRTC（整理信託公社）だ。小規模金融機関が無謀な融資に走ったS&L危機は日本の住専問題に似ていると言いたいところだが、日本では住専の処理を完全に終わらせる前に、あらゆる規模の金融機関が不良債権を抱えすぎているという大問題が顕在化した。官民挙げてRTCの事例に学び始めたのは、大手金融機関の破綻が起きてからだった。

RTCは一九八九年に設立された政府機関。九五年までに、七百四十七の金融機関を整理し、資産の売却などにより約四千億ドルを回収した。回収率は七年間で八六％にも達した。不良債権については、証券化やバルクセールの手法により早期処理を実施したことや、民間に大々的に委託して仕事をスピードアップしたことが特徴として、日本の専門家の間でも語られている。

それはともかく、ここでは、RTCからの委託業務をこなすことで、米国の投資銀行、不動産会社、不動産鑑定士、会計士などが不良債権処理のビジネスを身につけたことに注目したい。S&L処理機関のRTCだけでなく、中南米危機や企業買収ブームでの失敗で傷ついた米国の大手銀行などは猛烈な勢いでリストラに邁進《まいしん》していたので、こちらからも不良債権売却が起こっていた。こんな環境下の一九九〇年代前半に、米国に不良債権ビジネスのプロが育ったのだ。一説によると、RTCと民間をあわせて十万人が不良債権処理に参加したといわれ、S&L処理にめどがついた段階で、その人材は投資銀行や投資会社に流れたという。

不良債権や不動産、あるいは証券化を材料・手段にして新ビジネスを作る技術を持った米国の投資銀行・投資会社は、RTCの業務が終わった頃から、海外でのビジネスチャンスを一生懸命探ったに違いない。そして、彼らが見つけたのがバブル崩壊後の痛手から不良債権を積み上げつつあった日本であり、九七年から金融危機に見舞われたアジア諸国だった。

当時の日本の状況は、米国企業側から見ていた塩田氏の分析を基に整理した通りだ。不良債権を一時的に一括して買い取る仕組み作りはそれなりに進んでいたが、これでは前工程だけだ。不良債権を売却して換金する、そして担保となっていた不動産が新しい利用のされ方をしていく、といった後工程についてはようやく議論が盛り上がりつつある段階で、実践への道は見えていなかった。

真っ先に処理を決断した東京三菱

一九九七年に日本でバルクセールが始まった。

東京三菱銀行は、簿価五十億円の不動産担保付き債権をカーギル・フィナンシャル・サービシーズへ売却した後、その年の内に、百億円、二百億円単位で、ゴールドマン・サックスやローンスターへ売却。大手銀行の中で次に早かったのは住友銀行で、簿価四百億円の不良債権をゴールドマン・サックスへ売却した。

バルクセールという手法が広まるのに貢献したのは、日本債券信用銀行の大リストラに伴う同行系のノンバンク、クラウン・リーシングによる資産売却だった、と言われる。さくら銀行のM&Aチームをアドバイザーにして資産査定を行ない、債権をいくつかに分類してバルクセールを実施した。

クラウン・リーシングが保有していた国内の不良債権のうち約一〇%はカーギルに、残り九〇%はドイチェ・モルガン・グレンフェルと米バンカース・トラストが組んだグループに売られた。簿価総額三千億円を超える巨額のものだった。海外の不良債権についてはゴールドマン・サックスに、また、リース債権もオリックスやバンカース・トラストなどへ売却された。

その後もこうした大型バルクセール案件が増えるとみた外資系投資会社は、ローンスター・メリルリンチ連合などのように盛んにグループ作りに励んでいた。一度に大型の案件が出た場合、資金力・情報力に優るものが勝つからだ。

ところで、日本国内第一号の不良債権バルクセールが、東京三菱銀行によってなされたことは、その後の大手銀行間での経営体質の格差が広がったことにつながったかのようだ。六年後の現在では、格付けで他の大手銀行からほんの少しだが抜け出ている。スタンダード＆プアーズの長期格付け（二〇〇三年二月末現在）だと、東京三菱銀行が「ＢＢＢ＋」で、他の大手行は「ＢＢＢ」だ。さらに、大手銀行の中で唯一、公的資金を受けていないなど、東京三菱は国有化の可能性を心配しないで済む優位な立場にいる。

後から過去を振り返れば、不良債権を早期に処理するという経営陣の決断が早くできたかどうかがすべてだったと分かる。海外で資金調達をするにはジャパン・プレミアムと呼ぶ割増の利息を取られ、不良債権を隠しているのではないかとアナリストたちに疑われているため格付けも上がらない。そんな状況に置かれていたのは、すべての日本の大手銀行に共通したことだった。

当時、事態打開のため何をなすべきかが理解できなかった経営陣が率いていた銀行は、苦しさを先延ばしにした。不良債権を処理すると、損失をオモテに出し、会計に反映させなければならない。大手銀行の経営陣にすれば、待っていれば奇跡的に地価が反発して上昇に向かうかもしれないし、保有株の含み益もまだあると思い込みたかったに違いない。

その結果はというと、株安で含み益の余力が失われ、土地安で担保価値が目減りするという数年を経て、さらに苦境に陥っている。少なくとも、不良債権を処理する体力（自己資本）がないのでは、と疑われる事態はさらに深まってしまった。

また、ＲＴＣで早期処理を断行した米国政府と比べれば、日本政府にも状況判断力・決断力に弱い面があった。金融再生法などで債権売買に関わる法整備が進んだのは、一九九八年以降のことだ。この時すでに後追いだった。ＲＴＣの経験をすでに知ることができたにもかかわらずだ。バブル崩壊後の「失われた十年」は、官民挙げて、動きの鈍さばかりが目立つ。

「誰も責任を取らない」日本のシステム

東京三菱銀行との取引を成功させ、日本にバルクセールを持ち込んだ塩田氏は、その後ドイツ銀行に移籍。二〇〇〇年に独立し、ＧＰＰを設立するまで外資系投資家として日本の資産を買うという仕事をしていた。その人が振り返って言うには「日本に（法律など）システムがなかったから不良債権処理ができなかった、というのはまったくの誤解だ。不良債権処理が実行されなかったのは、規制当局を含め当事者が誰も責任を取ろうとしなかったからだ。システムはあったが、使う意志がなかった、という表現が正しい。確かに、使い勝手の良いシステムとは言い難かったが」。

使い勝手が良くなかった部分には、弁護士法や税務当局の反応の問題などがある。弁護士法については、第一章で述べた通り、サービサー法により法務大臣の許可を得れば弁護士以外でも債権売買をビジネスとすることができることが明記された。だが、それまでは、債権の回収という仕事は融資を実行した銀行など以外では弁護士にしか許されていなかった。

そこで初期の不良債権取引のほとんどは、ローン・パーティシペーションという複雑な概念を持ち込んで行なわれていた。ローン・パーティシペーションは直訳すると、「融資に参加すること」。外部企業が銀行からローンの中身（返済金を受け取る権利と回収リスク）を買うが、表面的なローン契約を変更しない方法だ。この方法を使うと、債権者の名義は変更されず、実際の債権回収行為は売却銀行が継続することになるので、弁護士法上の問題が発生しなかった。銀行にとっては、回収リスクから逃れられるとともに、手数料収入が入る。

投資活動が活発化するにつれ、不良債権の買い切り、つまり債権譲渡の形態を採る取引も増えていった。この場合、不良債権に関するリスクを熟知した投資会社がじゅうぶんな調査を行なったうえで、売り手である銀行が納得できる回収額で債権を買い切る取引である。売り手と買い手の双方が納得して実行した取引であるから、買い手は新しい債権者としての正当な権利として回収作業を行なうという考え方をベースにしている。これが認められなければ基本的な財産権の侵害になる、ということを法的な拠り所としていた。

こうした時期を経て、サービサー法制定により不良債権の取引をするのに複雑な配慮をしなくて済むようになった。

税務当局の反応の問題はより深刻だった。そもそも売却した銀行に無税償却が認められるかが不明だったし、債権売買の値段がマーケットプライスと違う、つまり、高すぎるか安すぎると見なされてしまうと贈与税がかかるかもしれない懸念があった。塩田氏は、投資家の立場で、当時の大蔵省国際局などに何度も問い合わせたが、大蔵省全体には統一見解ができておらず、税務署の担当官によって実際の運用はバラバラだったという。後日、日本の投資会社であるアトリウムと米国の有力不動産投資会社二社を平等に扱う不動産ファンドを作る時、法律や規制上の複雑な問題にさらに苦労したとのこと。

税務当局だけでなく、国土交通省などいくつもの官庁が、それぞれ整合性に一切配慮しないで規制する体制を敷いている。塩田氏が見つけた規制の性格がおもしろい。適用される規制体系のほとんどは弱者救済、つまり、素人投資家の保護を目的としていた、というのだ。それがかえって、プロの投資家には邪魔になっているわけで、これは明らかにムダな規制だ。経験豊富な投資会社や機関投資家を守るために公務員が働く必要はないし、税金を投入する必要はない。

一九九七年当時に比べると、不良債権処理を進める枠組みは整備されてきたが、投資家がファンドに投資しやすいような税制改正やその運用の透明性を増す措置など、まだまだ改善の余地が残っている。

外資のぼろ儲けは短期間しか続かなかった

一九九七、九八年とバルクセールが多発した。簿価ベースで何兆円かの不良債権が外資系投資会社へ渡ったが、その買い値は簿価の数%だったので、「外資が買い叩き、ぼろ儲けしている」話が流布していた。いや、今でも週刊誌などでは、そう表現されているのを見かける。しかし、ぼろ儲けした証拠や外資側の証言が載っていたことはない。取材過程で、三五%ものリターンを出してすぐに日本の拠点を閉めた外資の噂を聞いたが、確かめようもない。

こうした時に想定されている外資の商売は、不良債権から取り出した不動産を売却することで儲けが確定する。売り値から買い値を引いた差額が大幅にあれば、ぼろ儲けということになる。確かに、買い値は安いのかもしれない。だが、不動産を大幅に高く売らなければならないのに、一九九七年以降だけ見ても、日本の不動産市況は低迷というか、価格下落傾向にあった。本当にぼろ儲けはあったのか。そして今でも、ぼろ儲けが続いているのか。現時点での私の推測は、「外資系投資会社・ファンドによる、ぼろ儲け商売はあった可能性は大きい。しかし、それは短い期間しか続かなかった」というものだ。

不動産の価格下落傾向には、外資系投資会社はうまく対応できた可能性がある。不動産市場には株式の空売りのような手段があるわけではないが、不動産なども価格下落傾向が続くと予想ができていれば、儲けを確保できる。何の手品でもない。その下落分すら見込んで安く買えばよいのだ。だから、買い値は簿価の数％にしかならなかった、と考えることもできる。

彼らはＤＣＦ（ディスカウンテッド・キャッシュ・フロー）法を使って不良債権や不動産の値段を決めている。簡単に言うと、ＤＣＦ法は将来の賃料収入や売却額を予想してそれぞれ現在価値を計算する、というもの。オフィスやマンションのリフォームはするにしても、その状態の売却額を、買った時点で予想できる売却額より低めに見積もればよい。数年保有するつもりなら、その間の賃料収入も、低下傾向の数字を使えばよい。そのうえ、ＤＣＦ法は、リスクを見込んで割引率を決めるという手続きもある。売り値が下ぶれするリスクを高めに見積もることもできる。

外資系投資会社がぼろ儲けした可能性は十分にある。他人がぼろ儲けした話を聞くと、うらやましいと思うのと同時に、不正な手段があったのではと疑いたくなるのが人情というもの。だが、買い手と売り手が合意して成立した価格に文句を言ってもはじまらない。さらに、残念なことに「あまりに不正な行為だ」と言えるほど、将来予想に使った数字が操作されていたと、誰にも検証できない。

もともと不動産はそれぞれ独自の価値を持つ。場所や利用形態などによって、それぞれ値段が違う。加えて、日本の従来の不動産取引では、あまりにも取引価格が開示されてこなかったことがネックとなって公正な取引かどうかが一層判断しにくくなっている。

現在あるいは過去の時点であれば、数少ない、取引価格が分かっている近隣の取引事例を基に、不動産鑑定士がいろんな要素で調節して評価額を割り出すこともできる。だが、将来予想まではできない。せめて取引価格データが揃っていれば、予想法を発達させていくこともできるだろう。だが、いまだ日本では取引価格の公表事例が増える兆しはない。現時点では、公正な予想価格は存在しない。

競争によって「時価」が決まるようになったことのメリット

ぼろ儲け期間は（あったとしても）短かったと推測する理由は、一九九七年に外資によるバルク買いが始まってから二年もしないうちに、相当、競争が高まったからである。一九九九年にはサービサー制度が動き出しているので、十数社～二十社前後が担保不動産付きの不良債権を買いに行く状態ができあがっていることが確認できる。競争があるということは当然、買い値が高めに誘導される。しかも、外国資本、国内資本入り乱れての競争なので、買い手側で談合は起こりそうにない。

全参加者がＤＣＦ法を使っているとみられるが、もし万が一、一部の参加者が、収益や転売価格を低めに見積もって、ＤＣＦ法で計算される買い値を低く抑えようとしたところで、他社に案件をさらわれるだけだ。

二〇〇二年春時点の取材でこんなことを聞いた。ある金融機関が実施した不良債権の入札案内に二十社くらいが集まった。いざフタを開けてみると、売りに出されたのは合計で簿価三億円程度と小さな担保不動産付き不良債権だった。外資系投資会社から来ていた人から「本国では、日本には百兆円も不良債権があるのだから、いつでも買えるだろうと言っているのに……」とつぶやきが聞こえてきた、という話だった。

競争相手が増えた半面、金融機関の不良債権処理はあまりスピードアップせず、大きな金額の取引で一気に稼ぐ機会はあまりない様子が浮かび上がってくる。これが全体像だと言うつもりはない。今でも、金融機関と特定の投資会社との一対一の取引は結構あるとも聞く。この場合は、少しは買い手側に有利な取引となるのだろう。不良債権が金融機関と借り手企業との長年の関係、しかもその失敗の記録である以上、売り先は日本に根付いて商売していない外資のほうが望ましいという金融機関側の判断も理解できないわけではない。

それでもなお、外資系の間でも競争状態があるということは、買い叩きはしにくいだろう。それに、金融機関側も相場観を養ったはずだ。どの程度の価格まで買い手が現れるかと予想し、交渉できる。あくまで状況証拠からの推論だが、買った不良債権から不動産を抜き出して、すぐに転売する単純な商売で大儲けできる時代は去ったと言えるだろう。

この競争状態は、大きな意義を日本の不良債権市場にもたらした、と私は思う。それは、公正だと認めるに足る「時価」を決められるようになったことだ。

特定の買い手しかいない状態でも、取引が成立すれば時価と呼ぶことはできる。しかし、この値段は、株式の時価などという時と同じ扱いができる値段だろうか。たまたま売り手と買い手の思惑が一致してその値段になっただけかもしれないのだ。

これに対し、少なくとも買い手側の競争が生じている現在の不良債権市場なら、競争入札により最も高い買い値で取引が成立した値段を集めて、これらが時価だとすることができるようになった。欲を言えば、売り手側の競争もほしいところだが、一対一の相対取引しかない状態よりはかなり信頼できる時価だと言える（不良債権の時価については第六章で詳しく考察する）。

さっさと撤退した外資

外資は足が速い、ともよく言われる。儲け話にはすばやく参入が起こり、儲けが薄くなるとさっさと見切りをつけて撤退する、という意味だが、これは本当のことだ。参入・撤退の決断力・実行力で、平均的な日本企業は外資系投資会社に遠く及ばない。

不良債権の買い手がオモテに出ている部分、すなわちサービサーの顔ぶれは、少しずつ変わって来ている。法務省が作成しているリスト「債権管理回収業の営業を許可した株式会社一覧」には、許可した順に許可番号が付いている。この許可番号のうち、二〇〇三年二月時点で、「4」が不在だ。もともと、そこにはＧＭＡＣ・コマーシャル・モーゲージ債権管理回収という名のサービサーが入っていた。同じGMAC系のサービサーで、許可番号「1」のプレミア債権回収と統合されたため、「4」のサービサーが消えたのだ。

少し遡ると、世界最大の自動車メーカー系の投資会社GMACは最初からサービサー二社体制を独力で作ったわけではない。プレミアは、クラウン・リーシングの不良債権に絡みGMAC、バンカース・トラストや米アセット・マネジメント会社のレナー社が共同出資して設立されていたが、二〇〇一年初頭までにGMAC以外が手を引いてしまった。このため、GMACだけで作ったGMAC・コマーシャル・モーゲージとプレミアの同一グループ二社体制になっていた。それを最近になって一社にまとめたのだ。

二〇〇二年には「57」のサービサーが入れ替わった。当初は、レナー社系が単独で設立したサービサーであったが、その撤退に伴い、やはり米投資銀行クレディ・スイス・ファーストト・ボストン系のファンドが「はこ」を買収。ベータウエスト債権回収となった。また、「15」のレンド・リース・ジャパン債権回収のように、親会社の買収により、名前が変わった会社もある。もとはアムレスコ・ジャパン債権回収だったが、アムレスコをレンド・リースが買収した。

このうち撤退した投資会社は、日本での不良債権ビジネスがあまり儲からなくなったと見切りをつけたのだろう。外資の撤退について、日本に残っている某外資系投資会社の人に聞いたところ、「戦略の失敗があったケースがあるのではないか。巨大な不良債権があることだけ見て、仕組みさえ作れば稼げると踏んだ会社は、日本で仕事をするには予想以上に手間ひまかかることに驚いただろう」と言う。

外資、とりわけ米国で大きな不良債権ビジネスをしてきた企業は、成功した仕組みを確立している。同じ仕組みを日本に持ち込めば、ものごとは進んでいくと考え、日本の法律やビジネスの独特の文化を軽視していたのかもしれない。

さらに、「一時期、とにかく量を確保する戦略から高値で買いまくっていた外資もいた。思うように売れなくて苦しんでいるかもしれない」とその人は続けた。短期間で売り抜くシナリオだったとすると、買い手を短期間で見つけることに失敗すると悲惨なことになる。その不良債権を買い取るのに使ったファンドの利回りを低下させないように、自社で運用する他のファンドへ「飛ばし」をしているかもしれない、とも言う。まるでどこかで見たような光景だ。

一方、日本にサービサーを残している外資系投資会社は、日本における不良債権ビジネスに将来性を見出している。不良債権に固執せずに不動産ファンド事業の拡大をめざすパターンと、不良債権処理の拡大で不良債権ビジネスの対象に入ってきた過剰債務企業の再建に期待をかけるパターンがある。不動産では、ＤＣＦ法など不動産投資業のノウハウは日本の不動産業でも浸透しはじめているし、企業のほうは、少なくとも言葉だけは、再生ブームと呼べるような現象が起きている。

不良債権処理が今までどおりのスロー・ペースで実施されていくとすると、今後も撤退する外資は出るとの見方が多い。大手銀行がバルクセールを開始してから五年を経て、どうやら日本の不良債権ビジネスは新しい段階へ入ろうとしている。

外資が数年で市場を作った功績

一九九七年以降の不良債権ビジネス興隆をどう評価するのか。あおぞら銀行のサービサー、あおぞら債権回収で聞いてみた。銀行の立場と不良債権の買い手としての立場の両方を理解していると期待できるからだ。ただし、あおぞら銀行の前身である日本債券信用銀行が破綻し、国有化された段階で、その不良債権はＲＣＣへ移管された。そのため、あおぞら債権回収は、親銀行のための不良債権回収からは当面、解放されている点で、他の主な銀行系サービサーと事情が違う。

「不良債権の売却市場ができたことは本当に画期的だったんですよ」とあおぞら債権回収のH氏が答えてくれた。「以前はバランスシートから外そうと思ってもなかなか外せなかったわけですから」。

銀行にとっては、不良債権の償却要件が厳しいため、なかなか償却できない。そうすると、たとえば、借りた人が逃げてしまったが、連帯保証人が毎月、数万円ずつなら返せるという場合、返してもらわなければならない。そのペースだと百年、二百年かかる、なんてことになる。返済する人にとっても、銀行側にとっても気の遠くなる話だった。ファンドやサービサーが買ってくれる現在は、売却損を覚悟すればよい。売却損が大きすぎて困る銀行もあるようだが、従来の百年返済プランよりは、よほど前向きな作業であることは確かだ。

別の担当者も「外資のもたらしたインパクトは、（不良債権）市場が数年でできてしまうほどすごかった。それはきちんと評価すべきだ」と言う。

あおぞら債権回収は、日債銀時代から不良債権処理業務への参入を構想していたチームが、新銀行になってから、設立した。一九九九年に登場したサービサーの一番初期のグループにいる。特徴は、生保・損保の保険会社や地方銀行・信用金庫など地域金融機関に特化して、買い取りや回収委託をしていることだ。競争の激しい大手銀行は避け、日債銀時代に付き合いのあったところに絞った。

外資のインパクトで開かれた市場とはいえ、まだまだ未開拓であり、理解もされていなかったビジネスを少しずつ広げてきた。「日本人による日本人の不良債権処理」と唱えながら、金融機関を説得し、ファンドへの出資を募ってきた。「少しずつ理解を得られるようになってきた」とH氏は言う。

考えてみれば、外資は、海外で集めたファンドを持っていて、不良債権を日本に買いに来るのだが、日本企業が同じ事をするには、まず、ファンド作りが必要になる。元手が数十億、数百億という単位でないとできない商売だからだ。そこまでして不良債権買いへ参入したのが当初、あおぞら銀行グループやオリックス・グループなどごく少数だったのは残念だが、しかたがなかったのかもしれない。日本では、各種ファンドにカネを出す大口投資家（機関投資家）の層が薄い。絶頂期の八〇年代も今も、日本の機関投資家は大手金融機関（銀行・保険）と大手商社だ。

日本のサービサー、あるいはその背後のファンドを含めた不良債権ビジネスの将来について、「大風呂敷を広げるわけでなくて、それぞれが得意分野を持つようになるのでは」とあおぞら債権回収では予想している。「アメリカだって、ファンドがそれぞれ特色を持って、俺が一番だとやっているわけですね。そういう状態を早く作り出すことが必要かもしれません」。

あおぞら債権回収は、保険会社と地域金融機関に特化しつつ、不動産・企業とも視野に入れた再生ビジネスをめざしている。

外資のインパクトが作った日本の不良債権ビジネスだが、第二章で説明したように、日本企業も参入し、活発に仕事をしている。この分野は今の日本ではめずらしく新規参入が相次いでいる市場でもある。外資嫌いの人は多いが、だから外資がいるビジネス分野は避けるというのではなく、外資のノウハウを吸収して、競争に勝てるようになればいい。不良債権ビジネスを見ている限り、日本の商売人も捨てたものではない、と私は思う。

不良債権を外資が買うと、借り手企業も得をする

ところで、不良債権を外資などが買うと、借り手企業も得をする話をご存じだろうか。

たとえば、日本の大手銀行がバルクセールなどで外資系サービサーへ不良債権を売ったとする。債権譲渡の知らせを受けた借り手企業（債務者）は対応を考える。まだ余力のある借り手なら《長年の付き合いがあった銀行とは違い、外資は取り立てがきつくなるだろう。で

も、外資は不良債権を買い叩くと聞くから、大幅に安く買ったに違いない。この際、少々無理しても一気に貸借関係を消したほうがよい》というふうに考えることがある。

そこで、借り手企業は、外資系サービサーに連絡を取り、交渉に赴く。応対に出てきたのは日本人だったが、外資系はビジネスライクが一番だからと思い、「いくら払えば、借金をチャラにしてくれるか」と率直に切り込む。

その借り手向けの返済残高三十億円の債権について、外資系が買い取りにかけたコストを五億円程度と計算していたとすると、十億円すぐに払ってくれるならまずまずの商売だと判断できる。交渉の末、外資系サービサー側と借り手企業はその線で折り合った。さて、何がどうなったのだろうか。

外資系サービサーはその債権だけ見れば、高い利回りを確保したので、ひとまず喜ぶ。

借り手企業の側は、その借金が残高三十億円から一気にゼロとなる。十億円払ったので、差し引き二十億円の特別利益を計上できる。

ここまでの一連の話を振り返ると、銀行が二十五億円の損失を覚悟したおかげで、外資系サービサーと借り手企業が得をしたという話になる。金額はさまざまだろうが、実際にこういうことは起きている。

借り手企業が得をするカラクリ

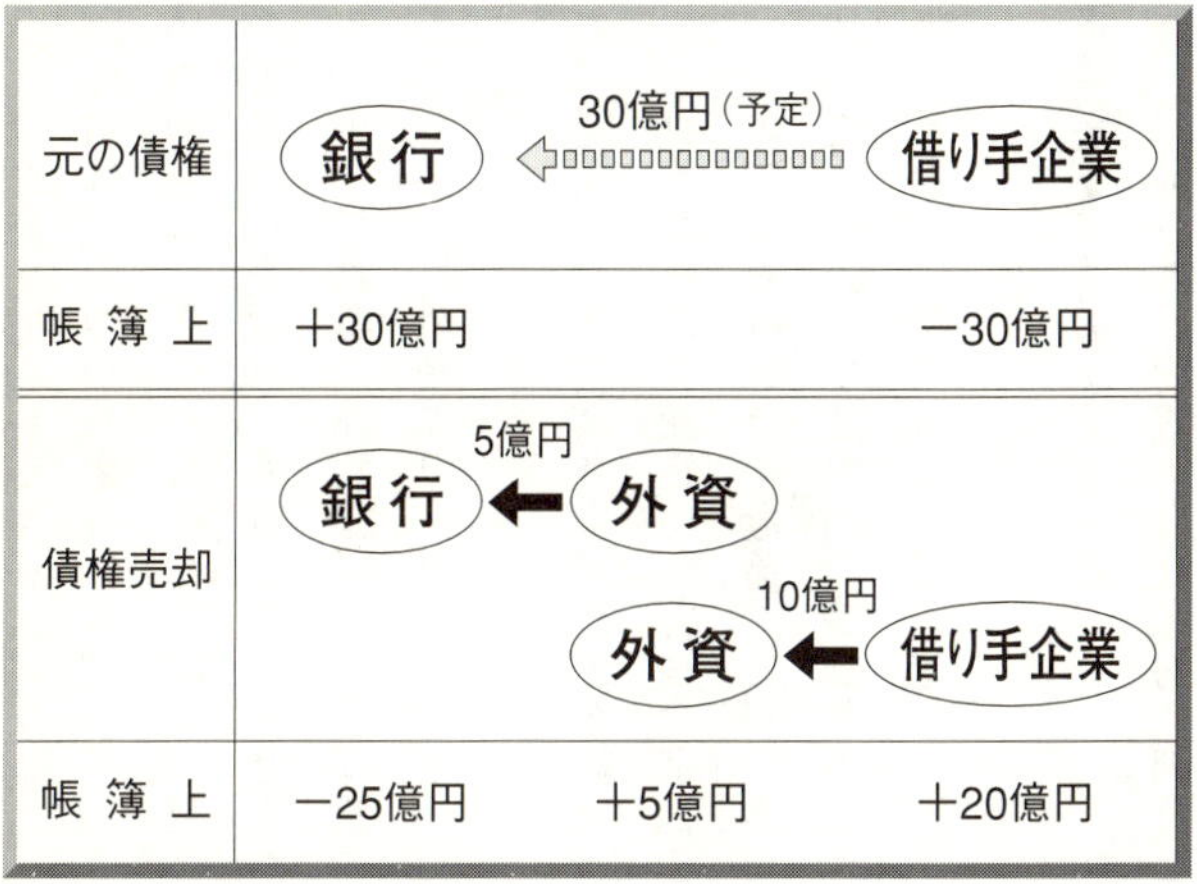

それなら最初から、銀行が、借り手企業に向かって「今すぐ十億円払ってくれるなら、残り二十億円の債権は放棄しましょう」と言えばいいように思えるだろう。それなら、銀行の損失は二十億円で済む。なにも外資系サービサーに楽な商売をさせることはないと反発する気持ちもある。

だが、それはできない。そんなことをしたら、別の借り手たちも銀行に押し寄せ、同じくらいの条件で債権放棄を求めることになる。ひいては、誰も貸借契約をそのまま守ろうとしなくなるので、銀行のおカネを貸す商売は根底から崩れ去る。

さて、ここまでの説明を読んで、頭では理

解できても釈然としない気分が残る人が多いのではないだろうか。「納得できない」と反発したい理由はいくつか考えられる。

一つの理由は、二つの取引を合成して見ることからくる誤解である。銀行と外資系サービサーの不良債権売買と、外資系サービサーから借り手企業が債権を買い取ったことは、まったく別の取引である。銀行が借り手企業に対して借金を棒引きしたわけではない。分解して、銀行から見ると、外資系サービサーがどう処分するかは分からないし、関係ない、と理解できる。

別の可能性は、外資系サービサーが結果として楽な商売をしたことが、うらやましいことから生まれる心情だ。銀行から買った債権を、借り手企業へ売る過程で、ひょっとして暴利を稼いだのではと疑いたくなる。だが、外資系サービサーにとっても、二つの取引をあらかじめ知っていたわけではない。儲けが多かったとしても偶然というしかない。これも合理的に判断すると、納得できるだろう。

債権放棄するなら売却するべき

しかし、得られる情報から合理的に判断しても、反発心が残る理由もあるのだ。それは、我々が、銀行が一部の借り手企業に対しては、他と違う行動を取っているのをすでに知っていることだ。

ここ数年、銀行が直接、債権放棄することが何度も行なわれてきた。帝国データバンクの調査によると、一九八五年から二〇〇二年九月までで、銀行と一般企業の間で債権放棄が合意に至ったのは八十七社あった（民事再生法、特定調停法、私的整理に関するガイドラインの適用込み）。

ゼネコン・不動産・流通などの大手企業に対して、銀行による大きな金額の借金の棒引きが実施されてきている。その際、銀行は常に、借り手企業がリストラ策をきちんと策定し、実行を誓っていることを確認する。最初の時は、銀行さんがその企業の中をよく知っているのだから、と自分を納得させた人も多かったかもしれない。今助けたほうが将来、多くを回収できると予想できたのだろうと。

しかし、その後また、該当企業の業績は悪化し、さらに債権放棄をするケースも出てきた。多くの人は、もう銀行さんの相手を見る目も信じられない、という気持ちになってきたのではないか。とりわけ、該当する銀行の預金者やローン利用者である場合は腹が立つかもしれない。不信感を抱く利用者が増えているとすれば、銀行にとって深刻な意味がある。

銀行は、ある融資先企業について不良債権が増えすぎた場合でも、直接の債権放棄には応じないというポリシーを貫くほうがいいと思う。幸いにして、今や不良債権の買い手がいる。外資系を中心としたファンド、サービサーにさっさと売ればよい。買い手が債権放棄しようと銀行には関係ない。融資先企業をどうしても支援したほうが良いと判断するなら、デット・エクイティ・スワップ（債務の株式化）で株を持っておくという手もある（法や規制が邪魔するなら、そちらを変えてもらうよう政府に働きかけるべきだ）。

どんな商売でもそうだが、相手によって処理の仕方が違うと思われる行為を続けていけば、不信感が増していくだけだ。銀行は、徹底回収したうえで、それでも回収が無理な部分は売却処理によって回収できる額を早期に確定し、別の収益チャンスを追う。これが譲れない原則だというのなら、ほとんどの利用者は納得できるだろう。

第四章　肥大化する日本最強のサービサー・ＲＣＣ

銀行より怖い「取り立て軍団」？

整理回収機構（ＲＣＣ）が、債権管理回収会社（サービサー）の最大手である。

ＲＣＣ自身もこう言っている。

《不良債権等の処理が日本経済再生のための緊急かつ必須の課題であることから、我がＲＣＣは「最強にして最良のサービサー」でなければならないと思います。最強、最良のサービサーとはどんなサービサーをいうのでしょうか。回収の質（債務者のできる限りの納得を得た回収－これには企業再生も含みます）・量（回収の極大化）・時間（迅速性）・コスト（効率性）の四つの次元において最大・最良の効果を納めることが求められるところであり、恐らくその実現をもって「最強にして最良のサービサー」といえるのではないかと考えます。》

（パンフレットなどに書いてある回収理念）

最良というのはともかく、ＲＣＣが最強のサービサーだということについては否定する人はほとんどいないだろう。

ＲＣＣは一九九九年四月に設立された。破綻した住宅金融専門会社（住専）七社の債権回収をしていた住宅金融債権管理機構（住管機構）と、破綻銀行の債権回収を受け持っていた整理回収銀行が合併してできた会社だ。このときに受け継いだ債権に、その後の破綻金融機関などの債権も加え、回収にあたっている。

保有債権は、二〇〇二年九月末時点で二十四兆円（銀行の簿価に当たる債権元本ベース）と、とてつもなく大きな金額になる。これだけの債権があると回収の仕事をする人が多く必要となるわけで、役職員数は約二千五百人で、顧問弁護士も五十人以上いる。

この弁護士数にも見られるように、最強の理由はまず、法律実務家が多いこと。社長も初代が中坊公平氏、現在が鬼追明夫氏と、二代続けて日本弁護士連合会会長を経験した大物弁護士が務めている。また、親会社である預金保険機構の財産調査権が使えることも他のサービサーにはない強力な武器だ。カネがあるのに隠して返さない債務者がいた場合、金融機関や債務者の関連施設などを調べることができる。さらに、金融機関出身者の多い職員も、住管機構時代以来、経験を積んでいるので回収のスキルが高いとみられる。

強い回収力を持っているのは、民間サービサー以上に回収が難しい債権を扱わざるをえないためだ。民間はあくまで自社の採算に合うかを重視しており、外資系などは回収に手間やコストがかかりすぎるものを買い取らない。だが、RCCは法律により、破綻した金融機関が持っていた債権を引き取らなければならないし、健全な金融機関からでも要請があれば買い取らなければならない。そうした債権の中には回収困難なものも含まれるわけで、法的手段を総動員する強い回収が求められる面がある。第一章でみた、強制執行による右翼団体の排除はその一例だ。

破綻した住専や破綻銀行の処理には公的資金が使われてきたので、RCCが回収に努力してくれることは納税者にとって歓迎すべきことだ。RCCが債権回収に失敗することは、さらなる公的資金投入に直結しているのだから。

しかし、強い回収力は、取り立てられる側からみると脅威であるのも事実であり、恐れられることにもなる。たとえば、銀行から厳しく取り立てられている中小企業の経営者を取材していて、「債務がRCCに譲渡されるかもしれない」と怯えた声を聞いたこともある。RCCには、銀行より怖い取り立て軍団、のイメージがついて回っている。

その実像をどう捉えればよいのかを考えるためには、もっとRCCを知ったほうがいい。納税者にとってのRCCや、取り立てられる側にとってのRCC。それ以外にも、RCCの顔はある。

四五〇億円の施設を一四億円で売却

二〇〇二年十一月下旬、すでに雪に覆われていた札幌市を訪れた。目的地は市内北部にあるリゾート施設「ガトーキングダムサッポロ」。ＪＲ札幌駅でタクシーに乗り、その施設名を告げたが、通じない。そこで、「昔、テルメだったところです」と言うと、運転手は「あそこ、営業しているの?」と驚いた。

ガトーキングダムは、同年七月に開業したばかりだった。もともとテルメ・リゾートと呼ばれていたが、一九九八年春に同リゾートの運営会社が破産して以降、四年間も休業していたのだから、地元の人でも知らなかったわけだ。

旧運営会社の破産後、いったんは破産管財人が売りに出したが、売れず、二〇〇〇年秋にＲＣＣの管理下に入った。破綻した北海道拓殖銀行に代わって、ＲＣＣが大口債権者になっていたからだ。二回入札を実施した後、山梨県に本社を置く洋菓子メーカーのシャトレーゼが落札した。しかし、札幌市の市街化調整区域内だったため、シャトレーゼが計画したケーキ工場に転用できないという事情が見つかり、札幌市との話し合いの時間が必要になった。しばらくして、競売ではなく、シャトレーゼへの任意売却という形で取引が成立した。二〇〇一年十一月、RCCが管理するようになってから一年以上過ぎていた。

売却額は、約十四億円。といっても、ベッドやシャンデリア、食器類など動産は別に、管財人が売却したので、シャトレーゼは不動産部分を買った後、約五十億円の追加投資が必要になった。それでも、もとの総工費が四百五十億円もかかった施設だったことを考えると、大幅に安い印象を受ける。買ったシャトレーゼの斉藤寛社長も「一からやることを考えると投資は少ないと判断した」と言う。

振り返ってみれば、大口債権者であるRCCが競売に持ち込む前にも、買い手候補は何度も現れていた。六十億円、七十億円の売却額が予想され、オリックスや台湾企業の名前が挙がったこともある。しかし、いずれも、改造しにくいという条件がネックになった。

当初、十八億円以上での売却を予想していたRCCは、時間との闘いに挑まなければならなかった。早く売って債権を回収したいし、早くしないと維持費もかさむ。経費節減のため、自分たちで雪かきをし、暖房を最小限に抑えるなど努力した。しかし、水道管の凍結を防ぐため冬場の維持費が高く、年間では一億円以上の維持費になった。もう一冬も余計に越したくない。しかし、競売を繰り返せば、値段は急激に下がる。二度目の入札で裁判所が決めた最低入札価格は十億円を切っていた。そんな条件下で決着した約十四億円。増えていく維持費を考えるとギリギリの線だった。

低料金で客を呼ぶ

ガトーキングダムは取材当時、プール・温泉付きのホテルというより、ホテル付きのプール・温泉施設のようだった。温泉や温水プールを楽しむ人々でそこそこにぎわっていた。プールは屋外にもあるのだが、冬場なので、屋内にある大小のプールだけで家族連れが遊ぶ。その上の階にある温泉にもほどほどに人影があった。宿泊客以外だと五時間で大人ひとりが千五百円。昼間は、雪道をものともせず自家用車でやって来る地元客が多かった。

一方、ホテル側は、七〇～八〇％程度しか営業していなかった。支配人に聞くと、七月開業に向けて従業員を段階的に採用しながら教育してきたので、フル稼働しても対応しきれない、とのこと。ところが、オープンからほどなくして駐車場が埋まってしまったことがあるという。昼食時に、しかも自転車で。

集客アップのため、一階に広く展開しているフランス料理レストランやその他の飲食店で、地元のファミリーレストラン並み料金のメニューを用意したためだった。フランス料理レストランでも八百八十円でランチバイキングが食べられる。そこで、周辺地区から主婦層を中心に自転車で駆けつけるようになった。雪があるので自転車で来るのは無理になっていた取材当時でも、お昼は満杯になっていた。

低料金で客に楽しんでもらうスタイルは、オーナー企業の斉藤社長の方針だ。斉藤氏は「ホテル経営の経験はないが自信はあった。お客さんの気持ちがわかるから」と、初のホテル業も自分の方針を貫いた。洋菓子の研究で世界中を回り、各種ホテルに宿泊し、たどり着いた結論は、日本のホテルは客の満足度に比べ料金が高すぎることだった。

ガトーキングダムのホテルは、通常料金がシングルで五千円、ダブルで一万円など。さらに「リゾート・ホテルは長期滞在してもらわないと意味がない」と言い、三連泊で一〇％引きなど連泊割引料金を設けた。初期投資が安かったからこそできる低料金でもある。

旧テルメ・リゾート時代から働いているベテラン従業員の吉田俊一氏に話を聞いた。吉田氏は管財人やRCCが管理している時代も残っていた数人の一人だ。四年間の休業中、人気のない施設を二十四時間態勢で見回りしたことを振り返りながら、「みなさんが思うほど苦労ではなかった。施設自体が好きだったし、また子供たちが喜ぶ声が聞きたかったから」と言う。

吉田氏に案内してもらいながら、ホテルの部屋などを見て回った。新オーナーになってから動産を入れた時、ベッドやテーブル、イスなどをわざと統一しなかったという。一度に同じ物を揃えられなかったせいらしいが、泊まる部屋によって印象が違うのも、リピート客が増えることを前提とすると意味がある。

同行したRCC職員たちは、熱心に写真を撮りながら、改造の跡を熱心に追っていた。カーペットの染色、壁の塗り替え、イスの材質……。次にホテル売却を手がける時の参考になりそうな情報には何にでも関心を示す。こうした担当者の行動は、回収極大化の意識が濃いからのようだった。

RCCの正義

担保不動産をできるだけ高く売ろうとするRCCは、不動産の買い手から見ると、普通の商売相手だろう。債権者として筋の通った回収を図るRCCが、債務者や占有者などと対峙する場合とは違い、強面のイメージはない。むしろ、ある種の買い手にとっては、付き合える相手かもしれない。シャトレーゼとRCCの、商売での付き合いは旧テルメが二度目。二〇〇〇年に、シャトレーゼはやはり北海道のゴルフ場を買ったこともあった。RCCが北海道拓殖銀行から引き継いだ債権の担保不動産だったゴルフ場だ。それを八億五千万円で買ったシャトレーゼは、敷地内にケーキ工場を建設し、北海道進出の足がかりとした。

シャトレーゼは、本社のある山梨県内でも、運営会社が破綻したゴルフ場やリゾート施設を買い、経営している。「いわゆるオーナー経営だからできること」と前置きしながらも斉藤社長は、「（ゴルフ場やリゾート施設の売り値は）今、下がってきている。実業の経験を生かして、再生させていこうと思っています」と言う。日常的に暴力団系などの占有者と向かい合っているＲＣＣにしても、売る相手を選びたい気持ちがある。買った後、施設の経営を本気でやる斉藤社長のような人物こそ望ましいと判断している様子だった。

他で強力な回収をしている国策会社だから、ただ儲かればよい不動産屋になるわけにはいかない、ということだろう。だが、ここまでは、破綻した金融機関が持っていた不良債権をきちんと回収するために作られた国策会社の正義感で理解できるＲＣＣの顔だ。この正義感を伴って、回収業務を遂行する会社である限り、納税者から賞賛されてもよい存在、と言えるだろう。

ＲＣＣの業務拡大という歪み

しかし、社会正義だけでは理解できない部分がＲＣＣの仕事にはある。ＲＣＣが通常の債権回収業務でも民間サービサーと競合していることは前に書いた。つまりＲＣＣは、民間サービサーと、もっと言えば外資系サービサーとも、似たような行動をとることもあるのだ。

ＲＣＣが設立された時には業務が狭く規定されていた。たとえば金融再生法で、健全金融機関からの不良債権買い取り業務は、二〇〇一年三月末までとなっていた。ＲＣＣは、破綻金融機関が持っていた債権の回収を本業として設立された。生きている金融機関から委託を受けて回収代行することも本業に含まれているが、買い取りは期限付きで認められていた。これは、金融再生法が二〇〇一年三月までに金融システム問題を解決し、ペイオフ凍結の解禁が想定されていたためだった。

しかしペイオフの全面解禁は延長された。それに合わせて、ＲＣＣの健全な金融機関からの買い取り業務も二〇〇四年三月末まで延長され、現在に至っている。不良債権の早期処理を重視した政府が二〇〇一年、緊急経済対策の中に、その延長を盛り込んだためだ。さらに、いわゆる骨太の方針や、改革先行プログラムで、それ以外の業務の範囲も広げられることになった。

現在では、ＲＣＣは、健全な銀行などと相対で、または入札に参加して、「破綻懸念先」以下の不良債権を買い取れる。買い取り価格も、金融再生法の改正で、「回収不能となる危険性等を勘案して適正に定められたもの」から「時価」に変わった（時価について詳しくは第六章）。また、信託業務を追加され、ファンド作りも可能になった。

さらに、「RCCに企業再生本部を設置し、再生の可能性のある債務者の速やかな再生に努めるなど、企業再建に積極的に取り組む」という文言が、改革先行プログラム（二〇〇一年十月）に入ったことを受け、RCCは企業再生にいち早く取り組み始めた。同プログラムで、日本政策投資銀行が企業再生ファンド作りを要請され、同行の出資を受けて民間主導の企業再生ファンドが登場したわけで、RCCのほうが先行していた。

少し法律や政府の政策に触れたので混乱するかもしれないが、簡単に言うと、RCCの業務はもはや破綻金融機関の債権回収だけではない、ということ。RCCは、健全な金融機関からの不良債権買い取りや企業再生ファンドなど、外資系投資会社など民間と同様な仕事もしている、ということを理解してほしい。

そして、裏付けとなっている目的（や社会正義）も別々だということも。破綻金融機関の処理では、回収をがんばることは国民負担を増やさないことに直結している（一部の民間サービサーからこの部分の回収業務の独占もけしからんという意見はあるが）。RCCがまじめに仕事をする限り、納税者は喜ぶので、すっきりしている。

その一方、外資系投資会社と同様な仕事は、不良債権の早期処理という目的であり、民間企業と競合する面もある。もちろん民間と協力して仕事をすることもあるが、民間だけでもできる仕事であれば、RCCががんばったところで民間側にはビジネスチャンスを奪われた不満が残るので、すっきりしない。もっと大事なことがある。不良債権を早期に処理できない最大の原因は、サービサーやファンドが足りないからではない（第六章以降で説明するが、最大の原因は売り手側にある）。とすると、RCCの業務拡大とは関連性が薄いことになる。

本来業務でがんばれば納税者に喜ばれるはずのRCCの人気がいまひとつ上がらないのは、こうした性格の業務拡大が原因だと思う。そして、それは、金融再生法の改正、改革先行プログラムといった政府の施策で作られたものだ。

もう少し考えてみよう。破綻金融機関の債権回収で力をつけたRCCが、健全な金融機関の債権回収でその力を存分に発揮すれば、後発の民間サービサーはかなわない。そのうえ、買い取りのためのファンドと組めるとすると、事業エリアが民間となんら変わりなくなる。そんなRCCを普通のビジネスマンが経営していたら、とことん儲けることを目指したくなるだろう。しかし、金融再生法では、利益を出すと国庫へ納めることになっている。とんでもなく歪んだ話だ。

その歪みを作っておいて、政府は、ＲＣＣ社員が、社会正義のためなどの動機を持ち、最善を尽くしてくれることを期待しているのである。これまではＲＣＣはその期待に応えているように思うが、この仕組みが未来永劫《えいごう》、うまく機能していく担保は何もない。

「再建には、社長との対決がつきまとう」

ＲＣＣの新しい機能を代表する企業再生の取り組みを取材してみた。実は、改革先行プログラムで「企業再建に積極的に取り組む」という使命を与えられる以前から、ＲＣＣのこの分野への進出は始まっていた。それは回収率を高めるための努力からだった。

ＲＣＣの中で債権額の大きな案件や回収の難しい案件を担当する東京特別回収部（東京特回）では、二〇〇一年春頃には、担保物件やその他のものを単に売却して回収するより、借り手企業を再建してキャッシュフローを増やしてから回収するほうが、回収額が多くなるケースもあることを従来以上にはっきり意識し始めていた。

少し遡る二〇〇〇年夏のこと、東京特回で、ある流通業の借り手企業からの回収策がテーマになっていた。調べてみると、本業はしっかりしており、営業力も衰えていない。バブル時代に「二本目の柱」とするべく立ち上げた新事業に失敗し、過剰債務になっているものの、当時流行《はや》りの財テクに走ったわけではない。他の大口債権者である都銀と話しても同じ見方だったため、協力して再建スキームを作ることにした。

経営コンサルタントを雇う費用があるなら返済せよ、と迫っていたRCCとしては特別に、会計事務所を雇う費用を認め、RCC・都銀・会計事務所・借り手企業の四者で再建策作りの検討を始めた。会計事務所の調査結果も、本業がよく、従業員のやる気もあるというものであり、再建スキーム案を出してきた。並行してRCCが担保計算をして回収できる額を見積もったところ、やはり再建したほうが明らかに多く回収できると結論が出た。これでRCCが回収策を決める際の「経済合理性」の基準は達成した。

しかし、会計事務所のスキーム案には、RCCが呑《の》めないものが付いていた。債務免除（債権放棄）が前提となっていたのだ。徹底回収をモットーとするRCCは、まず債権放棄ありきの方法は採りにくい。真剣な議論が何度も行なわれた後、新会社が本業部分の営業譲渡を受け、回収対象である旧会社と分離するスキームに変更になった。RCCは、旧会社に残った資産と、営業譲渡によって新会社から旧会社へ入るカネを回収の対象にする。それに加えて、新会社の株式を担保とすることでRCCは、新会社の再建状況をウォッチし、将来の回収の道も残した。

次に問題になったのは、「ケジメ」の問題だった。株主に責任を果たしてもらうため一〇〇％減資した後、新会社の株主には過半数が取引先など外部で占めることを条件にした。しかし社長をどうするかが難問だった。ワンマン社長にはリーダーシップや営業力があるのでよい、いや独断専行するから悪い、という両方の見方が付きまとう。この場合もそうで、ＲＣＣは、社長に残ることを認める一方で、その社長から財産隠しをしていないとの確認を取った。また、財務担当役員は都銀から派遣してもらうことにした。

この過程でＲＣＣと社長の間ではこんな会話もあったという。

（ＲＣＣ）「うちも新会社の株式を持ちますよ」

（社長）「それだけは勘弁してください。株主名簿にＲＣＣの名前があったら、信用がつかない。返済条件を上げてもらってもいいから勘弁してほしい」

この案件を担当したＲＣＣ職員は、「再生には、社長との対決がつきまとう。厳しくしすぎると再建できず、甘くなると社長の頭が切り替わらない」と、スキーム作りの難しさを説明する。しかし「そこに醍醐味《だいごみ》もあるし、ぎりぎりの交渉で信頼感が芽生えなければ再生はおぼつかない」とも言う。

企業再建での心構えとして正しいものだと思う。その場合でも、企業再生ファンドなど民間会社なら、社長に対してお互いの利を説くこともできるだろう。それを、「ケジメをつける」という言葉で表現するあたりは、社会正義を背負わねばならないＲＣＣの宿命を感じる。

この再建スキームは二〇〇一年春頃決まり、動き出した。ＲＣＣにとっては、回収極大化のための企業再生策、つまり借り手企業を生かしながら回収を増やす方法に自信を深める事例となった。そして、改革先行プログラムの追い風を受けて、二〇〇一年十一月に企業再生本部を作った。ここには、東京特回から再建スキーム作りに慣れた部隊を出すとともに、内部で専門家を養成するために「再生学校」講座を開くようになった。

ＲＣＣが買い取った二兆円の不良債権

紹介した事例は回収努力の一環とみやすいものだ。だが、すでにＲＣＣの企業再生事業はさらに広がっており、複雑なものになっている。典型例が、外資系投資会社との連携で、追加投資を伴う企業再生をしやすくする試みだ。

二〇〇二年九月には、米メリルリンチが出資するファンドをＲＣＣが管理し、ＵＦＪ銀行の不良債権を処理していく「ＲＣＣ企業再編ファンド」を作った。ＲＣＣも債権をファンドへ売り、対象企業の価値が上がればリターンを得ることになっている。また、ＲＣＣは金融再生法に基づく健全金融機関などからの債権買い取りでは、「破綻懸念先」以下の不良債権しか買えない。だが、別勘定のファンドなら、破綻するかどうかグレーエリアの「要管理先」不良債権も買える。

私の取材した範囲では、回収を極大化するというRCCの目的意識が揺らいでいない、と見えた。また、ファンドが成果をあげるかどうかの判断は数年かける必要があるので、ここでは差し控えるが、回収極大化のための企業再生の好例が早く増えるといいと思う。

ただし、前に述べた、すっきりしない業務の拡大が進んでいることは心に留めておきたい。RCCの鬼追社長は、二〇〇三年一月末に会見した中で、同三月までに健全銀行から買い取る不良債権は二兆円（元本ベース）を超える見通しを発表した。この三月までの買い取り二兆円という数字は、およそ一年前に、自民党デフレ対策特命委員会が掲げた目標である。

歪んだ政策に行動を縛られる最大手サービサーの問題は、早期に解決されなければならないと思う。たとえば、当初の破綻金融機関の債権回収だけのRCCと、ファンドでも何でもできる純民間サービサーの第二RCCとを分離すればよいのではないだろうか。回収力のある第二RCCは当初、他の民間サービサーには圧迫感を感じさせるかもしれないが、分割したほうが、官と民の仕事の区分けはすっきりする。

第五章　企業再生ビジネスとは何か

「再建」を「再生」と言い換えた意味

企業再生が一種のブームである。新聞の経済面やビジネス誌には頻繁に「企業再生ファンド」の記事が登場する。都内の大きな書店へ行けば、ビジネス書の一角は「企業再生……」と表題の付いた本で占められている。

企業再生とはどんなことを指す言葉だろうか。比較的新しく包括的なビジネスパーソン向け教科書には、次のように書かれている。

「企業再生とは、要注意先企業等の業績不振企業の抜本的な事業再生、すなわち事業の再構築、不採算部門の撤退、新たなビジネスモデルの構築等により、競争力、収益性等を高め、正常先にランクアップし、経営の健全性が安定的に確保されるようにすることであり、問題の先送りによる一時的な延命措置とは基本的に異なる」

『企業再生の実務』（企業再生実務研究会著、金融財政事情研究会）

この本は銀行マンなどを意識しているので、「要注意先等の」や「正常先にランクアップし」という表現を使っている。これらの表現を除けば大方の人の言う企業再生という言葉の定義となるのだろう。

この定義にあてはまる言葉として、かつては「業績不振企業（あるいは破綻企業）の再建（建て直し）」と言うことが多かった。「企業再建」でも通用する概念を表すのに、新しい言葉が使われ始めているのだ。

どうも日本には、言葉を変えれば、受け取る側のイメージが変わると期待する文化があるようだ。マイナスのイメージの染み込んだ言葉（再建）の代わりに、同じ意味の新しい言葉を使うことで、マイナスのイメージがなくなるかのように。

不良債権ビジネスの参入企業を取材していると、「マスコミが倒産と報じるから、マイナスのイメージが付いてしまって企業を再生しにくい」などと言われることがよくある。「再生に取り組む企業だと呼んでくれれば、そんなにイメージは落ちないのに」とも言われたりする。

トランプ氏はどうやって窮地を乗り切ったか

最近、あるサービサーの役員と次のような議論をした。

サービサー役員「日本にもアメリカのように敗者復活の文化を作らなければいけない。ドナルド・トランプさんのように一度失敗しても、再びビジネスが出来るような文化が必要なんです。だいたいマスコミが、倒産したと書くからいけないんですよ。だから一時的に法的整理の対象になると、立ち直れない」

和田「敗者復活の文化の必要性については同じ意見です。しかし、マスコミが倒産と書くこととは関係ありません。トランプさんがほとんど破綻していたことは良く知られているのに、彼は同じニューヨークの不動産業界で復活したじゃないですか。変わるべきは周囲の人の考え方だと思いますよ」

サービサー役員「うーん、そうだね。それも含めて敗者復活の文化が……」

私が言いたかったのは、倒産という言葉を使わなければ倒産した事実が消える、というわけではないということだ。倒産という言葉を使わない、という姿勢と、再建という言葉を使わずに再生と言う姿勢は、同じ信仰に基づいていると思えてならない。マイナス・イメージの言葉を使わなければ、マイナスの事実は意識しないで済む（ほとんど存在しないのと同じだとも思える）、という信仰だ。

ところが、実際には言葉だけでは事実が消えないがゆえに、再生への具体的な努力が必要になる。先ほど引用した定義にあるように、事業の再構築、すなわちリストラが必要なのだ。

米国の不動産投資家ドナルド・トランプ氏の場合、有力な新聞でその苦境を伝えられながら自力でリストラ案を示し銀行などを説得した。本人の著作『敗者復活』（日経ＢＰ社）によると、一九九一年のある日、『ニューヨーク・タイムズ』と『ウォールストリート・ジャーナル』の両紙が、一面記事でトランプ氏の破滅を予告する記事を書いた。その後、トランプ氏は銀行団を集め、説得を始めた。

「私は深刻な財政状態に置かれていること、そして、さらに約六五〇〇万ドルの融資を追加してほしいことを率直に切り出した。彼らは私の言葉に驚いた。その目は生気を失ったようだった」

トランプ氏はそんな厳しい会議を切り抜け、五年間の返済延長と六千五百万ドルもの追加融資を獲得した。しかも、その猶予期間のうちに、アトランティックシティのカジノのリストラや上場などで利益をあげ、復活を果たしたのだ。その時に協力してくれた銀行について「彼らの知恵だけでなく柔軟性と理解力に感謝したい」と彼は書いている。

敗者復活の文化とは、マスコミが何と書いていようと、自らの判断で支援や取引を続ける金融機関・一般企業が存在することであり、トランプ氏のように自力で金融機関や取引先企業の信頼を獲得するために努力する経営者が存在することだと思う。言い換えると、投資・融資・取引における判断力と、経営者の能力とに、問題は帰するのではないだろうか。

ほとんどの銀行が企業再生専門チームを持つ

最近の企業再生ブームには理由がいくつかある。

まず、銀行の不良債権減らしの一環としての企業再生だ。「要注意先から正常先にランクアップする」という目的の企業再生がある。これは不良債権がその分減るということを意味している。また、銀行もRCCと同じく、債権が不良化した場合でも、回収できる額を最大化したい。要注意先（要管理先を含む）に区分された借り手企業は、第一章でも書いたように、破綻へ向かうか立ち直るかのグレーゾーンにいる。もし銀行が手を貸すことで立ち直るならば、その後に稼ぐキャッシュフローから返済をしてもらえば、結局は回収額が多くなる。その確かな見通しが立つならば、銀行は経営再建を助けるほうが得だ。

また、銀行にとっては評判やメンツの問題もある。銀行が信用第一の商売である以上、評判を落とすのはマイナスだ。経営難の借り手企業を突き放した結果、その企業が倒産し、「あの銀行が会社をつぶした」などと元経営者が銀行の本店前や取引していた支店の前で叫び出したら目も当てられない。逆に、危ないかもしれないとみられていた企業が立ち直るのを助ければ、借り手企業から感謝されるし、評判は上がるだろう。評判アップのための企業再生である。

政府が早期の不良債権処理を唱え、要管理先までの早期対応を銀行に迫ったことも、銀行の背中を押した。

こうした理由から、全国各地の銀行は、借り手企業を支援する企業再生チームを持つようになった。立ち直る見込みのあるグレーゾーン企業を対象に財務・経営のコンサルティングをするためだ。銀行内の専門部隊の設立は、前章でＲＣＣが企業再生を意識し始めたの同じ二〇〇一年初めのころからで、現在までにほとんどの銀行は、企業再生専門チームを持っているようだ。

ビジネスチャンスに続々と参入者

ここにビジネスチャンスを見出したのが、経営コンサルタント会社、弁護士事務所、会計士事務所などだった。銀行には財務の数字に強い人材は豊富かもしれないが、経営コンサルティングの技能を持っている人は少ない。経営再建には、法務・会計上の問題もからむので、それぞれの専門家の助言も聞きたくなる。

コンサルティング会社で最初にこの市場に目をつけたのは、プライスウォーターハウスクーパース　フィナンシャル・アドバイザリー・サービスという会社だ。世界最大のコンサルティング会社グループに属し、一九九九年には日本で、事業再生コンサルティングを始めていた。同社の代表の一人である田作朋雄氏は、この分野でも最も有名なコンサルタントである。当時のことを、田作氏に聞くと「多くの人に、そんなビジネスが日本で成り立つはずがないと言われました。しかし、私は絶対に変貌すると思っていました」と言う。

銀行側に企業再生ブームが盛り上がるにつれて、不良債権ビジネスからも参入が出てきた。外資系投資会社のために不良債権の評価をすることから事業を拡大したクリードが、企業再生コンサルティング子会社を作ったのが二〇〇一年末のことだった。クリードの会計や不動産事業のノウハウを見込んで、銀行からも借り手企業からも需要があったという。

買収ファンドと企業再生ファンドの違い

さらに、別の流れも合流し、ブームを盛り上げている。企業買収を専門とするファンドだ。一九九九年に日本長期信用銀行（現・新生銀行）の買収にリップルウッドが名乗りをあげ、注目を浴びた。買収ファンド（バイアウト・ファンド）は一般には、破綻企業の再建を専門にしているわけではないが、買収して経営権を握った後、企業の価値を上げて稼ぐ手法は、破綻企業の中で再建できる企業にも馴染んだ。

また、日本国内で起業した会社も含め買収ファンド会社は、大企業のリストラに伴う子会社の分離を助けるＭＢＯ（マネジメント・バイアウト）も得意とする。ここにも企業再生との接点があった。不良債権と企業買収の両方のファンドを持つゴールドマン・サックス、サーベラスなども、同じ流れに乗った。不良債権を買い取り、不良債権ファンドが大口債権者となった企業の中に再建の可能性がある企業があれば、そのまま買収ファンドへ回すという、効率の良い商売ができる可能性もある。

日本で活動している買収ファンドは一般に、買収ファンドと呼ばれるのを好まない。米国ではバイアウト・ファンドと呼ばれても気にしない米国系ファンド会社の中にも、日本で買収ファンドという名称は嫌う。これも再建と言うか再生と言うかの問題と同じで、《企業買収》イコール《会社乗っ取り》の連想を避けるためのようだ。だから最近では「企業再生ファンド」と名乗っている買収ファンド会社も出てきた。これは《企業再生もするファンド》くらいの意味にも捉えられるが、企業再生専門のファンド（本物の企業再生ファンド）も混じっているので、ややこしい。

もっとも、ややこしがっているのは私くらいで、多くの新聞・雑誌は、企業再生ファンドという言葉で企業買収を専門とするファンドを総称するようになって来ている。買収ファンドでも企業再生ファンドでも、実際に企業再建に貢献するなら呼び名はどうでもいいという判断なのかもしれない。

ただ、その性格の違いは知っておいたほうがよいように思う。買収ファンドは基本的に大株主となって経営改革に挑むが、企業再生ファンドには、大口債権者のままで、つまり今までの銀行のような立場で、経営改革を迫る方法論もある。また、投資家の期待も異なる可能性がある。買収ファンドは全体の利回りさえ高ければよいという投資家を集め、企業再生ファンドは利回りよりも再建への多くの貢献を期待する投資家が集まるだろう。つまり、投資家から受けるプレッシャーの種類が違う。

株主資本主義の買収ファンドと日本型メインバンク的指導をする企業再生ファンド。果たしてどちらのアプローチが企業再建に実効性があるのか。これは興味深いテーマだが、現時点では何とも言えない。

再生か清算かを決める「えんま大王」は誰か

大きな負債を抱えグレーゾーンにいるそれぞれの企業が再建できるかどうか、この判断は難しいと一般に言われる。だが、実際の作業を聞いていると、手間がかかるだけで割と機械的に決まるような印象を受ける。銀行あるいはファンドから見て再生の対象になるといっても、企業まるごとそのままの再建ではない。人も施設・設備もすべてそのままの姿で再建しようという話なんて、ありはしない。

実際には、きちんと儲けを稼ぐ本業、あるいは儲けを稼ぐ一部の事業だけを取り出し、その部分だけ再建するわけで、他の部分はどんどん売却処分されるし、人員削減もある。ということは、儲けを稼ぐ事業部門があるかないか、を見分けるだけで済む。

この見分け作業のことを、コンサルティング会社やファンド会社の人々は「目利き」と言い、自分たちには目利きができると宣伝する。目利き能力は二つのスキルが含まれている。

まず、正しい会計数字を手に入れて、それを分析し、この事業部門は儲けを生み出し続けると判断することができなければならない。これは、会計士の人たちはみなできるだろうと期待できることだ。巧妙な粉飾がなければ、という条件はあるにしても。

もう一つは、一見、儲けを出し続ける事業部門に見えないが、何かの要素を付け加えれば、収益事業に生まれ変わることを見抜く能力だ。最新の設備があれば、もう少し大きな販売網があれば、などの条件を変えて、将来性を見出し、収益事業を作り出す能力とも言える。しかし、これは優れた経営者の能力そのものである。この意味では、確かに目利きは難しい。銀行など債権者に目利き能力はあるのか。コンサルタントやファンドにあるのか。政府機関にあるのか。第一の現時点での会計数字を読む能力は信用できるかもしれないが、第二の将来性については誰かを信用するのは難しい。しかし、その判断・見立てがグレーゾーン企業の命運を決めていくことになる。

再生と清算——、どちらに区分されるかで、売り買いされる時の値段で表される企業の価値には、天国と地獄の差がある。

清算される時の企業価値（清算価値）は、資産額を合計したものだ。その企業が持っている不動産や機械設備、有価証券など売れるものをすべて売った時の合計額を計算することになる。もともとグレーゾーンの企業は、そのままではすぐに負債を返済し切れない状態なので負債額を下回るのはほぼ確実だ。

ところが、再生できる企業は、継続価値（ゴーイングコンサーン価値）が適用されることになっている。事業を継続していって、将来稼ぐと見込まれるキャッシュフローを基に計算される。つまり、将来予想に依存した数字である。予想では再生できるのだから（返済条件の緩和は必要かもしれないが）、いずれは負債を返済できる水準を企業価値が超えているはずだ。

この両方の試算を誰かがやった後に、グレーゾーン企業の運命は決まる。そして、同じ企業の価値が一瞬のうちに上がったり、下がったりする。政府が産業再生機構を作ろうとし始めたころ、再生か清算かを決める役目の人を、塩川財務大臣は「えんま大王」と表現したが、まさにそんな重責を担っている。

再生は長くても半年が勝負

ここまで、理屈だけで清算か再生かを決める作業の説明を試みたが、実際には理屈どおりのことをするのも大変そうだ。プライスウォーターハウスクーパース フィナンシャル・アドバイザリー・サービスの事業再生チームを率いる田作朋雄氏にコンサルティング作業を聞いたところ、次のようになっている。

[フェーズ1] 処方箋を書く。二、三ヶ月かかる。

「どういう事業基盤を持っているのか、どういう商品構成なのか、昔良かったのになぜ最近ダメなのか、今の経営陣で良いのか、今の資本構成で良いのか、銀行にはどれだけの協力を仰げばよいのか……、こんな風なシナリオを書く」

[フェーズ2] 実行段階。スポンサー探し・提携先探し・銀行との交渉。

[フェーズ3] 法的整理。

「なるべくならフェーズ2。フェーズ3までいくと、マスコミにもあそこは破綻したと言われるし、売り上げはガタンと落ち、従業員も動揺するから」

田作氏によると、長くても半年が勝負だと言う。それでも再生シナリオが出来上がらなければ、その会社は立ち直らない。それにシナリオができたとしても、軌道に乗せるために二年、三年とかかる。

また、フェーズ１は人海戦術であり、フェーズ２はタフな交渉人の仕事であるという。日本で最も数をこなしたであろう交渉人の田作氏は、いろんなパターンの困難を経験してきてもいる。最近ではかなり改善したが、一番難しいのは債権者の姿勢だったという。

「債権放棄したくない。株も動かしたくない。寝た子を起こさないでくれ、と言われると困るわけです。これは要するにどっちが得かという問題です。アメリカでは早くやったほうが得で、後になるとペナルティが大きくなる。日本では早くやって問題が表に出るとペナルティがある社会だった」

一方、経営者と従業員は現状維持に執着するケースが多いという。銀行は債権放棄などの条件に経営者の交代を求める。それを入れて抜本的処方箋を提示すると、経営者は「それじゃ、これはウチの会社なんだからつぶす」と言って、譲らない。従業員の行く末も、地域社会への影響も知ったことではない、という態度に終始する。従業員は従業員で、新しい仕組みを受け入れたくない、かといって次の仕事を見つけるのも大変だから、とにかく現状にしがみつくケースもあるそうだ。

それぞれの関係者の態度は傍から見ると、漫画チックであるが、自分がそういう状況に置かれたことを想像すると、多くの人が理解できる心情かもしれない。しかし、間に立って再建計画をまとめようとする企業再生の交渉人は、個々のわがままを超越した視点を堅持することになる。

不思議な仕事である。依頼は、金融機関側からが多いが、借り手企業からも来るという。それに対象企業に出資したい投資家（ファンドやスポンサー企業）からも。どこからの依頼でも、最後まで答えを出すためには関係者全部と交渉しなければならない。常に依頼主サイドにつく通常の経営コンサルタントや弁護士とは、求められる職業倫理も違うようだ。

田作氏は、日本債券信用銀行の米国と英国の拠点で、不良債権処理と企業再生に従事し、ノウハウを蓄積した。現在は日本全国を飛び回る再生コンサルタントの第一人者。その目から見て、日本で不良債権ビジネスが発展する第一の条件を聞くと、情報開示がどれだけ進むかにかかっている、との答えだった。「日本はなにかと隠したほうが得と考えるが、実際は逆。普段から手の内を見せておけば、苦しい時にぱっと救済が入る」と田作氏は言う。

近年多発している企業スキャンダルに通じる話でもある。牛肉など食品の偽装、原子力発電所の事故隠しなど、とにかく社内で分かっていることでも隠す習慣的行動が日本企業の中に観察されてきた。しかし、大部分のスキャンダルは、判明した時点で情報公開を含め適切な対応があれば、経営者の交代に至らず、イメージダウンによる売り上げの急降下もかなり防げた可能性がある。企業経営者が結局は何が得かを考えるのであれば、早めの情報開示が教訓として浮かび上がる。

日本政策投資銀行の支援する企業再生ファンド

企業再生ファンドは二〇〇二年から登場した。当初は企業再建ファンドとも呼ばれていた。厳密な定義があるわけではなく、「企業再生（再建）もしますよ」くらいの気持ちで名乗るファンドもあるので、これらの呼称をどれだけのファンドが使っているかは確認できない。

だが、はっきりしているグループがある。整理回収機構（ＲＣＣ）が参加している企業再生ファンドと、日本政策投資銀行が出資したか、出資を約束しているファンド群だ。日本政策投資銀行の支援による企業再生ファンドは、二〇〇三年二月末時点で、九つを数える。

・日本みらいキャピタルファンド（運用会社は日本みらいキャピタル）
・ジャパン・リカバリー・ファンド（フェニックス・キャピタル）
・エーシークリードファンドⅠ（エーシーキャピタル）
・ルネッサンスファンド（ＢＮＰパリバ・ジャパンの子会社）

・MKSファンドI（MKSパートナーズ）
・カーライル・ジャパン・パートナーズ（カーライル・グループ）

など個別の投資会社が運用するファンドへの出資のほかに、特定の企業を再建するためのファンドが三種類。

・ダックビブレ再生ファンド
・ダイエー企業再建ファンド
・エア・ドゥ再生ファンド

ファンドの規模はダックビブレ再生の十億円程度からジャパン・リカバリーの二百億円までさまざまだ（MKSとカーライルのファンドはそれぞれ五百億円規模だが、企業再建専門ではなく、企業再建もするタイプ）。それぞれの一部に日本政策投資銀行が出資を約束した。

日本みらいキャピタルファンドの先進的な試み

当初、注目されたのは、日本みらいキャピタルファンドだった。二〇〇二年二月には、日本政策投資銀行がファンドの運用会社自体に出資（持ち株比率約二割）して、企業再建専門のファンド作りを発表した。だが、第一次の基金集め（ファンド・レイジング）が終了したのが同年秋であり、二〇〇三年二月末までに出資事例はない。

日本みらいキャピタルファンドの仕組みは、企業再生ファンドの雛型と言ってもいいくらい先進的な試みを盛り込んでいた。たとえば、デット・エクイティ・スワップ（ＤＥＳ、債務の株式化）の活用。ＤＥＳは、銀行など債権者が、借り手企業の債務（デット）のある割合を同じ価値の株式（エクイティ）に換えて持つことで、債務を減らしてあげることになる。銀行は債権放棄ばかりもしていられないので、ＤＥＳも結構実施してきた。

みらいキャピタルのファンドは、ＤＥＳによって銀行が持っている株式の現物出資をファンドへ受けるか、買い取ることで獲得。必要とあれば株式を買い増して、対象企業の大株主となり、経営の主導権を握る。そして企業の財務・経営改革を指導し、やがては株式上場や転売でリターンを稼ぐ。

同ファンドは、銀行から債権そのものを買うこともする。その後でDESによって株式化すればよいし、ファンド側で債権放棄すれば、その分、対象企業の借金が減り、財務改善も図れる。このように、企業再建を外部から助ける仕組みとしては、きわめて柔軟な設計ができるようになっていた。

ファンドの運用会社、日本みらいキャピタルの社長である安嶋明氏は、日本興業銀行の出身(興銀末期の二〇〇一年末まで在籍)。一九九〇年代に香港に駐在している時に、アジア通貨危機と、その影響で経営難に陥った企業に米国の買収ファンドが投資する様子を観察していたという。九九年、東京に帰ってきてから、興銀のプライベートエクイティ部長として、企業買収を実践した。

そんな時に、旧知の米国倒産弁護士リチャード・ギトリン氏が唱える「ジャパン・ディレバレッジング・ファンド」構想に刺激を受け、安嶋氏の頭の中でDESを活用して過剰債務を解消するスキームが出来上がった。そして、金融庁や日本政策投資銀行に根回しし、日本みらいキャピタルの立ち上げに至る。日本のみらい(未来)を担う心意気を社名に込めた。

ディレバレッジング・ファンドとは、企業の過剰債務状態を解消するためのファンドである。ファンドなど投資業では、投資効果を上げるための借り入れをレバレッジ(てこ)と言うが、レバレッジに、否定の接頭辞「ディ（de）」を付けて、「債務の解消」を意味する言葉になっている。ギトリン氏のアイデアは日本で実際に試される前から、なぜか企業再生ビジネスの参加者や経済官庁の間で人気があった。また、ギトリン氏自身をアドバイザーに迎えている企業再生ファンドが、日本みらいキャピタルファンド以外にも、いくつかある。

企業再生ファンドは「救いの神」ではない

日本みらいキャピタルが本格的に始動した二〇〇二年夏に安嶋氏に、同社の企業再生ファンドの強みについて聞いたことがある。安嶋氏いわく、「一番大きなポイントは、ディールのソーシング（案件獲得）。いかに良い案件を選別できる仕組みというか、情報を得られるか、そこに、僕はかかっていると思うんですよ。そういう意味で、我々は、アップストリーム（上流＝銀行など）のところで、いろいろなご相談を受けているし、自分たちと同じ土俵に乗っかって、きちんと再生・再建を考えてくれて、やっぱり外資系でなくて本邦系が良いかなと（思われているので有利だ）」。

高い人気が、投資案件の選別のために、効果が大きいのは本当だろう。融資している銀行も過剰債務企業も、自分の弱いところを第三者に明かしたくはない。通常、そんな条件で、ファンド側は、投資計画に合う案件かどうか判断するために、対象企業などが隠そうとする情報を集めなくてはいけない。しかし、有利なのは、投資の前工程だけのことだ。後工程で、企業を再建、つまり上場できるか、他者へ売れるように価値を上げていけないと、投資は成功しない。

ここで注意しなければならないのは、安嶋氏の発言からも分かるとおり、企業再生ファンドは万能ではないということだ。あらゆる経営不振企業を対象にしているわけでは決してない。安嶋氏の挙げる成功へのポイントにあるように、案件を厳選するところから仕事が始まる。

日本みらいキャピタルに限らず、企業再生ファンド人気を支えているのは、この点についての誤解ではないかと私は思っている。企業再生ファンドと名乗っているのだから、どんな企業でも再生してくれる、という誤解だ。

多額の債務で苦しんでいる企業は多い。そんな企業への融資関係を断ち切れずに悩んでいる銀行も多い。その間に入って、問題を解決してくれるファンドがあるなら、嬉しいに決まっている。だが、ファンドが投資家から集めたカネを元手に商売する形態である以上、対象とするのは数年間で価値を上げられる企業、つまり短期間で改造を施せば、株式上場できたり、買い手が付いたりして、ファンドが稼げる企業に限られる。

銀行と借り手企業の側からファンドなど外部の介入を期待する件数の一部しかファンドの投資対象にはならないのだ。この一部がどの程度の割合になるかは分からない。はっきり言えるのは、改造しても将来性が見込めない企業以外にも、儲けのキャッシュフローで計る規模が小さすぎて投資効果を出せない中小企業は除外される。投資効果が期待できる規模を持つ大企業のうち、客観的に見て将来性を見込めない企業は、どこかの「えんま大王」が清算処理を言い渡せばよい。しかし、規模が小さすぎて投資対象にならない企業の中には救われるべきところも多いだろう。

退出を迫られる企業

規模が小さすぎてファンドの投資対象にならない企業が多いということは、不動産投資会社クリードの松木光平副社長から聞いた。クリードは、あすかキャピタルというヘッジファンド投資会社と組んで、企業再生ファンドを運用する会社エーシーキャピタルを立ち上げている。

松木氏いわく、「たとえば借入金を少しカットしてもらえば、金利も元本も返せるし、毎年五千万円の利益が出る、従業員二十人の会社があるとします。この会社にはファンドとしては投資しにくい。株式上場もできそうにないし、（投資対象としての）値段も提示しにくい。こういうケースは結構やっかいなことだと思うんですけど、意外に世の中の人は気がついてないようです」。

企業再生ファンドという言葉を見たり、聞いたりする人は、《企業再生》に注意が向きすぎて、《ファンド》の意味を軽視してしまいがちのようだ。それに、もともと投資ファンドへの理解が進んでいないことも誤解の原因だろう。

その松木氏も運用会社に参加しているエーシークリードファンドは、二〇〇三年一月末にファンド設定を発表した。向こう七年間運用するファンドで、約五十億円。一件当たりの投資額は十億～二十億円で、数件への投資を予定している。投資対象になる中では規模の小さな企業を狙っているのが、この企業再生ファンドの特徴だ。

松木氏に、なぜ中堅企業をターゲットにしたのか聞くと、「小さい会社ほどターンアラウンド（再建）しやすいので」という答えだった。

従業員千人の企業をある方向へ動かすのは大変だが、百人の企業なら変化を起こしやすい。それに、じっくり育てて株式上場というより、早め早めに投資を終了する方針だという。再建まで終わったら、買収ファンドへバトンタッチすることも考えている。まだ日本では企業買収のファンドの歴史が浅いので事例がないが、米国などでは、一つのファンドが育てた企業を別のファンドが買うことも珍しくない。数年後には、日本でもこのパターンが出てくるとの予想が前提となっている。

企業を再建するファンドの仕事を二段階――「過剰債務の処理」と「事業を伸ばす」――に分けると、エーシーキャピタルのファンドは前段階の過剰債務処理に特化したいということらしい。同ファンドが利点と強調しているのは、クリードが不動産を扱うのに慣れていることだ。銀行が不動産担保を条件に融資をしてきたことを反映して、過剰債務企業には不動産があるのが普通だ。そこで、不動産を売るときにできるだけ高く売ることなどで債務減らしに貢献できる可能性がある。クリードのグループが企業再生コンサルティングもしてきているので、検討対象になっている案件は多いそうだ。

再生・再建すべき企業を見分けるのは難しそうに思えるけど実際にはどうですか、と聞いてみたら、松木氏は「そこが難しいところです」と答えた。「企業再生というのは、産業構造の転換のお手伝いだと僕は考えています。本来あるべき産業構造の転換に逆らうことは絶対にしてはいけないな、と……」。

原稿を書き上げる直前の二〇〇三年三月末に、エーシーキャピタルのファンドによる投資第一号が発表された。山梨県河口湖町で会員制リゾートクラブ「フィットリゾートクラブ」を運営している会社ワイ・エス・ジェイが再生の対象で、ファンドがスポンサーとなることを盛り込んだ民事再生計画が東京地裁から認可を得た。ファンドが作った新会社エーシー・フィットが、リゾートクラブの営業権を譲り受ける。また、旧会社は一〇〇%減資、経営陣の退陣の後、エーシーキャピタルなどが出資する会社としてクラブ敷地内の不動産所有・管理会社となる計画だ。

ワイ・エス・ジェイは、不況による法人会員の退会が増えたため預託金の返還のあおりで経営不振に陥り、二〇〇二年九月に民事再生法の適用を申請していた。ファンドは、会員外の利用者を増やすことなどで再建できると判断した。

一千億の資金提供を予定する「大投資家」

日本政策投資銀行が企業再生ファンド作りの支援をしているのは、政府の要請を受けてのことだ。二〇〇一年十月、小泉政権が打ち出した『改革先行プログラム』には、次のように書かれていた。

「日本政策投資銀行、民間投資家、ＲＣＣ等に対し、企業再建のためのファンドを設立し、またはこれに参加するよう要請する。ファンドは、厳格な再建計画が策定された企業の株式（債務の株式化により銀行等が取得したもの）等を買い取り、再建計画の実現を図る。また、ファンドの早期設立に向けて、関係各機関等との連携を強化するとともに、日本政策投資銀行からの出資のために必要な財源手当てを講ずることとする」

そして、なされた財源手当てが、一千億円の予算枠だった。当時、日本で活動する企業買収のためのファンドで一千億円を超える資金を用意できると公表していたのは、リップルウッドだけだった。そのリップルウッドにしても半分以上は海外での調達。日本国内の大口投資家候補（銀行、生保、商社）はこの分野への投資に慎重か、投資の余裕がなかった。

それを考えると、一千億円もの資金提供を予定する投資家の登場が大きなインパクトをもたらしたのは、当然だった。それまで日本で実際に投資活動している企業買収のためのファンドは多く見積もっても十組程度（計画発表段階かファンドだけあるケースを加えると二十組ほど）。それが、国策企業再生ファンド作りの結果、その後一年で同じくらいのファンドが生まれることになった。

日本政策投資銀行は同年十二月、ファンドに関する説明会を開き、二〇〇二年初めから相談を受け、審査をしてきている。実際に同行による審査を経験した投資会社によると、長くかかるプロセスらしい。「彼らがサボっているとか、お役所仕事とかではなくて、結構緻密な調査をしているようだ」という。また、断られた投資会社も多い。そこで、どんな審査をするのか、日本政策投資銀行に取材した。

事業再生部の富井聡課長によると、ファンド会社またはファンド会社を作りたいという人たちから相談を受けて、出資決定まで半年くらいかかったものが多いという。

「(ファンド会社が)コンセプトをクリアに固めて持ってきた例は今までにないです。当行といっしょに智恵を絞っていく形で作ってきた。どういうことを考えているかを聞いて、それならここが機能しませんねとか、こういう人を補強したほうがよいのではとか……」

一緒に考えていったので、審査の基準における投資の範囲も変わってきたという。同行側で最初に考えていたのは、銀行などがDES(債務の株式化)により持っている株式をファンドに現物出資し、ファンドが対象企業を買収しやすくするタイプだった。いろんな投資会社とともに、再生ファンドを設計しているうちに、対象企業によっては大口債権者として入るのもありだと気づいたそうだ。ある外資系ファンドは、中堅・中小企業で既存の社長が絶対的に大事な要素になる場合、大口債権者としてプレッシャーを与えるほうがよいと考えているという。

　また、もともとは再建専門ファンドだけを念頭に置いていたが、既存の買収ファンドでも、再建に該当する投資案件にだけ日本政策投資銀行からも出資するタイプもＯＫにした。これで、それまでに投資実績のあったＭＫＳパートナーズとカーライルも名を連ねることになった。

　審査に時間がかかるのは、相談しながら作り上げるプロセスだからだけではない。ファンド会社の主要なメンバーについては個人面接を含め、かなり細かく調査している。会社の代表者などが身につけているスキルがどんなもので、信頼できる人かどうかなど。その人の知人に裏取りまでする。ここで、結構断られている投資会社や、投資会社を作りたいという人たちもいたようだ。「メンバーのスキルが偏りすぎているチームも断ったことがある」（富井氏）。

ファンドマネージャーがいない

私は、日本政策投資銀行が企業再生ファンドを急ピッチで立ち上げたのを評価している。しかし、その実際の効果のほどには結構、疑問を持っている。

まず、晴れて審査に通っても、日本政策投資銀行から資金を出してもらうのは簡単ではない。出資要件は文章になっていないが、次の五つの融資の適用条件と同じことをケース・バイ・ケースで判断することになっている。

①事業の経済社会的有用性及び今後の発展性の確認
②周辺地域の産業経済の健全な維持向上に資することの確認
③再建計画策定の確実性の確認
④償還確実性の確認
⑤利害関係者の意向の確認

これらを満たさないと資金を出してくれないわけで、企業再生ファンドとして同行から認められたファンド会社からも「使い勝手が悪い」という声を聞く。だから、世間から、あるいは政府から期待されるほど企業再建の件数をこなせそうにない。

逆に、要件を満たしていれば、すんなり資金は支払われる。それがダイエーなど特定企業向けのファンドだ。こちらはファンドマネージャーたちを審査するというより、再建計画を審査したうえで決定されている。

私には、どうもこちら側の審査、いや、ファンドそのものがよく分からない。投資会社が作る企業再生ファンドには、ファンドのおカネを増やそうと懸命にがんばるファンドマネージャーたちがいる。ファンドとは彼らが、将来性のある企業を見つけて投資し、経営改革をしたうえで、収益の稼げる企業を作り上げる仕事なのだ。彼らがいれば、おカネを増やすためには、一連のプロセスに全力で当たることが期待できる。ファンドへの投資家である日本政策投資銀行は、ファンドのおカネの使い道などを監視すればよい。しかし、ダックビブレ再生ファンドやダイエー企業再建ファンドなどは違う。

たとえば、ダイエー企業再建ファンドは、UFJ銀行、三井住友銀行、みずほコーポレート銀行の主力三行と、日本政策投資銀行が出資したファンドだ。主力三行は五百億円相当のDES株式を出し、日本政策投資銀行は百億円出資した。それだけ大きなファンドであるのに、お金を懸命に増やそうとするファンドマネージャーが見当たらない。会社再建経験の豊富な弁護士でもある高木新二郎・獨協大学教授をアドバイザーに迎えたが、運営するのは銀行員の人々だ。なぜ、投資会社の人々にした程度に厳しく審査したファンドマネージャーを置かなかったのだろうか。

ファンドとは、ヘッジファンドから投資信託の銘柄のファンドまで、ファンドマネージャーが自分の業績を、ひいては報酬を引き上げるために、知恵を絞り、体力の限り働くことで成立している。企業再建における経営者や従業員の動機付けと同様、ファンド運用者の動機付けは最も必要なことである。ダイエー向けファンドなどの場合、その最も大切な要素が欠けている。特定企業向けファンドの場合、日本政策投資銀行が投資を回収するための最大限の努力をしていないのは、残念なことだ。

危機感なき再生はありえない

不良債権の早期処理の掛け声とともに盛り上がる企業再生ファンド・ブーム全体にも不安がある。前著『買収ファンド』(光文社新書)で、企業再建もする買収ファンドを紹介した。リップルウッドのシーガイアへの投資や、MKSパートナーズのベネックス(旧ベンカン)

の例などだ。同じ企業再生という言葉が使えるとしても、新しく登場した企業再生ファンドが想定している仕事と、従来の買収ファンドの仕事には違いがある。

それは、どの時点から再建に取り組むかということだ。シーガイアは会社更生法の適用申請後、ベネックスは破産宣告後と、いずれも法的整理の対象となる過程でファンドが買収した。今流行の企業再生ファンドは、主として、法的整理前に対象企業に投資することを計画している。後者は、早期治療・早期回復のイメージがあるかもしれないが、はたしてそうだろうか。

企業再生ファンドの投資対象となる企業は、法的整理前でも債務が多すぎて、利払いが本業の儲けを食いつぶしている状態にあるケースが多いだろう。メインの事業はなんとか自立していけるレベルなのに、第二、第三の事業が赤字体質であるとか、バブル期に無駄な不動産投資をしたことのつけを払っている企業なら、メインの事業だけ分離して再建したいと考える買い手（同業他社など）が現れる可能性はある。それなら、早めに治療したほうがよいという企業再生ファンドなどの理屈は一応通っている。

しかし、企業の経営再建は、借金を減らすという財務面の改善だけで終わらない。むしろ、その企業で働く人々が新しい仕事の仕方や、たいていは低くなる報酬にどれだけ対応できるかという、従業員の意識改革のほうが難しいと思う。それは、どれだけ過去の仕事の失敗を反省したか、どれだけ危機感を持っているか、という心理的な要素が大きいからだ。

法的整理の前に企業再生ファンドが投資すれば、過剰債務ぎみの企業から一気に借金が減り、楽になる。すると、経営陣を含め、その企業で働く人々はどう感じるだろうか。やはりウチの会社は優れているから応援してもらえる、という気持ちになるのが自然だと思う。働く人々が不十分な反省しかしないで、不十分な危機感しか抱かないとすれば、企業再生ファンドの経営改革へのインパクトは小さくなる。

法的整理の過程でファンドが投資する場合はどう違うか。過去の借金の返済については法的整理の中で決着がつけられる。事業部門などのファンドへの売却によって管財人に払われる金額は、借金返済の原資の一部として使われる。ファンドに投資された事業部門（新会社）はきれいなバランスシートで再スタートするという意味では、法的整理前に企業再生ファンドが投資に入り、銀行から債権を安く買った分を債権放棄してバランスシートを改善するのと似た効果がある。

経営の失敗により、法的整理で倒産や破産のレッテルを貼られるのは、その企業の従業員が気の毒である。しかし、その悔しさがあるからこそ危機感は頂点に達し、再建への意気込みも強くなる。シーガイアやベネックスで再建に一生懸命がんばる従業員の人々を見たとき、私は感動すらした。それに比べると、企業再生ファンドのしようとしていることは、働く人々の意識改革が不十分になるケースが多く出てくるのでは、と思えてならない。

これは、第四章でRCCによる企業再生の例で、RCCが「ケジメ」と呼んだことに通じる話でもある。強面《こわもて》の債権回収をするRCCだからケジメもつけられるのだと思う。新興の企業再生ファンドは、そこに合理的な説得などで挑戦することになる。

企業再生ファンドのファンドマネージャーたちは、法的整理前の早期治療のほうが企業の価値が低くなりすぎないときに始められてよいと言う。法的整理になった企業は評判を落とし、取引先との付き合いも変わる、という意味では、そうかもしれないと思える。その一方で、法的整理の過程でも取引先があまり逃げない企業やその一部の事業なら、確かに再建の値打ちがあると外部から判断できる利点もある。

ファンドのビジネスは、投資した企業の価値を、買ったときから売るときまでに大きく上げることにある。その意味では、どの時点で投資に入っても、その後の経営再建に自信がありさえすればよい。企業再生ファンド関係者には、法的整理後の投資にもっと目を向けてもらいたい。それが敗者復活の文化を作っていく道だと思う。

第六章　不動産の価値が変わった

不良債権の値段はどう決まる

不良債権の値段をどう決めるか。あるいは、どう決まっているのか。

それを考えるために、もう一度、不良債権とは何なのかを思い出そう。今、一番問題になっている銀行の不良債権とは、返済されるはずの銀行貸し出しのうち、契約どおり返済されないものを言う。

厳密に言えば、契約どおり返済される債権が百万円なら、それに満たないものは不良債権ということになる。しかし、九十九万九千九百九十九円から〇円まで幅があまりに広い。あなた個人が、なんらかの原因で生活が苦しくなっている友人に貸したおカネなら、期限どおり九十五万円返済されれば「まあそれでいいよ」と言って、済ましてあげるかもしれない。しかし、銀行は商売で貸しているので、そうはいかない。

日本の銀行はそういう時のために、不動産の担保を取ってきた。約束どおり返済できなければ、不動産を差し押さえ、借り手に「この不動産を売って代金で返済してください」と迫るためだ。不動産（特に、土地）の値段が上がり続けた時代には、銀行にとってはどっちに転んでも同じはずの、あまりに簡単なビジネスだった。しかし、バブル期とバブル崩壊後の不動産価格の大きなブレや、銀行自身のずさんな審査などで、簡単なビジネスでなくなってしまった。

一九九〇年代初頭から、銀行は深刻な問題にぶち当たった。はたして個々の借り手企業は、どれだけの金額をどれだけの期間で返済できるだろうか、と悩み、はたして担保の不動産はいくらで売れるだろうかと詳しく調べざるを得なくなった。考え込んでいるうちにも借り手企業の状況は悪くなり、不動産も値が下がる。こんな状況に直面した場合、あなたならどんな解決法を編み出せるだろうか。

銀行が自らの健全な財務状態を維持したければ、結局は、早めに損切りをするしかない。現実には、銀行は、金利減免や一部の債権放棄などで対応するケースが多かったため、債務が返済されないリスクを残したままだった。この先延ばしが裏目に出て、不良債権が異常に積み上がった。不良債権が増え続けるリスクを断ち切るには、早めに損切りするしかない。これはどんな商売でも同じだ。そこで値段を付けて売る。

だが、この値段を決めるのもまた厄介だ。残債十億円のうち（担保の不動産を売却して得る金額を含め）五億円は必ず回収できる、とあらかじめ分かるわけではない。そこで銀行は回収できるであろう金額を予想する。

実際には、銀行は売る決断をするずっと前から、その不良債権について徹底的に調査しているはずである。もしもの時の引当金を積む作業のためだ。担保の不動産はいくらで売れるのか、それ以外に回収できるものは何があるのか、などを調べて、足りない額の引当金を置いておければ、予想どおりの回収額しかなくても銀行の経営に響かない。しかし、この会計上の作業の過程で出す予想回収額は、残念ながら、売れる値段とは違う値段だ。

銀行が売る意思を示した場合、買い手である投資会社は独自に、不良債権の中身を徹底調査する。こちらも、担保の不動産はいくらで売れるか、その他の回収額はいくらか、などがテーマだ。そして、この調査結果をもとに予想し、買いたい値段を出す。常識的には、回収にかかる手間のコストと儲け分を、予想回収額から引いて、買いたい値段とするだろう。

一方、売り手の銀行はどうするか。常識的には、自分の回収予想額から（銀行は回収する手間が省けるわけだから）回収の手間にかかるコストを引いて、売りたい値段を出すだろう。そして、一対一の交渉、あるいは入札で決まった値段が、不良債権の値段であり、「時価」と呼ばれる。

DCF法がやってきた

くどいようだが、不良債権売買の流れを繰り返すと、

《銀行が売る不良債権を特定》
↓《売り手と買い手が回収額を予想して値付け》……希望価格
↓《交渉または入札》
↓《売買成立》…………………………………………時価

売買が成立して初めて不良債権に正規の値段が付き、それが「時価」と認識される。銀行という立派な金融機関がやっている取引だから、マネーマーケットに似ているかというと全然違う。株式や国債・社債のように売り手も買い手も、毎日のように、しかも多数いる市場ではない。ときどき一対一の取引か、入札があるという性格からして、不良債権市場は青果物や魚介類の市場に近いと思っておいた方がいい。売りに出るものの品目・品質がバラバラなので、売り手も買い手も値段を予想するのに、直前の取引をそのまま交渉に使うわ

けにはいかない。個別に品物を調べた後、今年は供給過剰ぎみだから相場は安めかな、など と全体の市況を参考にしつつ、双方の予想を付け合わすしかない。

バルクセールなど不良債権の売買は、一九九七年に米国系を中心とした投資会社・投資銀行が日本に持ち込んだ(第三章を参照)。値段の決め方もその時に海を渡って来た。それは、DCF(ディスカウンテッド・キャッシュ・フロー、割引現在価値)法に基づくものだった。

それ以前に日本でDCF法が使われていなかったわけではない。証券投資の世界では、割引現在価値はおなじみの投資評価方法だ。だから、銀行も含めて金融業界では、DCF法を使いこなす人は多い。

しかし、不良債権を純粋に商売ベースで売買してこなかった日本では、不良債権の売買価格を決める方法が確立していなかった。そこに買い手としてやって来たのは米国などの投資会社・投資銀行であったため、DCF法で値段を決めることになった。米国の一九九〇年代前半の不良債権処理に学ぶ姿勢が日本の銀行側にあったことも、DCF法の採用に追い風になっただろう。

DCF法はいろんな種類の投資に、よくなじむ。不動産が稼ぐ賃料収入を基に新しい証券を作る証券化にだって、同じ計算法が通じる。そして何より投資家・投資会社にとって便利なのは、ＤＣＦ法で値段を計算しておけば、不動産投資と、株式など他の金融商品とどちらが有利かを比較しやすくなることだ。

二〇〇三年一月から不動産鑑定評価基準にもＤＣＦ法が盛り込まれた。このことに示されるように、流れは、投資のための価値計算法のスタンダードであるＤＣＦ法が広い分野で使われる方向へと傾いている。その背景には、日本での不動産取引のうち、証券化など投資の観点を取り入れたものが増えている実態があるためで、鑑定基準の改訂は現実を追認しているものと思っておいたほうがよい。

ＤＣＦ法で不動産の価値を計算する

ＤＣＦ法について簡単に説明を試みたい（すでに詳しい人はこの部分を読み飛ばしてもらえばよい）。

ＤＣＦ法は、日本では、割引現在価値法とも呼ばれている。定義上、割引現在価値とは将来に受け取るキャッシュフローを適当な割引率を用いて現在価値に直したものだ。会計の入門書には、「現在持っている一万円のほうが、一年後に手に入る一万円より価値が高い」と書かれていることが多い。だから割り引いて現在価値を出すと説明される。

直感的に理解するには、あなたも投資家の気分になればいい。気分が盛り上がるように、自分は現金で一千万円のまったくの余裕資金を持っていると思い込むのだ。さてどうするか。低金利の時代であり、株式相場は軟調だといっても、何かに投資して増やそうと考えるだろう。いくら低金利時代でも金利は付くのだから、まとまったカネをタンス預金にしておくのはもったいない（ここでは一応インフレ・デフレのリスクとは分離して考える）。

たいていの金融商品には年率換算の利回りが示されている。この中から、高いリターンには高いリスクがあることを意識しつつ、投資対象を選ぶ。投資後、一年経てば、一千万円にいくらかの利子が乗っていることに気付く（すぐに換金できない投資商品が多いので、ここは増えていると分かるだけ）。

というふうに具体的な数字がなくても、一年後の一千万円より、今持つ一千万円のほうが高い価値があると、自分に対する投資家マインドへのコントロールに成功すれば、信じられるようになる。ここまでは、要は、使い道の選択肢が広いことが高い価値だと理解できればいい。

しかし、どれだけ高い価値があるかを知るためには、具体的な数字を使うしかない。たとえば、現在の一千万円は一年後の一千五十万円などとする。ということは、年率五％の成長ペース、つまり〔一＋〇・〇五〕を掛けた数字だから、逆算して一年後に一千万円受け取るためには〔一＋〇・〇五〕で割って、約九百五十二万円あればいいことも分かる。この約九百五十二万円が、一年後の一千万円の現在価値だ。二年後以降も同様に、〔一＋〇・〇五〕の二乗など、で割れば出せる。

ＤＣＦ法で何が変わったか

ここまでの説明に納得できる人でも、いくつも疑問が残ることだろう。ＤＣＦ法を使って実際の投資を評価するには、先ほどの五％のような割引率を設定しなければならない。また、毎年、いくらの収入があるかを知らなければ正確に計算できない。国債・社債のように受け取る配当が決まっているものはよい。しかし、今、考えようとしているのは、不良債権の値段である。不良債権を回収するための担保不動産だけを相手にしても、将来の収入を予想すること、そして割引率をいくらにするかは厄介な問題だ。

現実に不良債権の値付けにＤＣＦ法は使われている。それは、まさに将来の収入を予想することによってである。

単純化した例を示す。対象となる不動産が都心のオフィス街にあるオフィスビルだったとすると、一年目に一億円、二年目に一億円、……と純賃料収入（経費を引いたもの）を予想する。建物の老朽化やデフレ経済を前提にすれば、途中で賃料下げも織り込む必要があるだろう。そして、たとえば十年後に売却する値段を予想する。

また割引率は、予想されるリスクを基に決められている。投資のハイリスク・ハイリターン原則による措置だ。最低ラインが最も安全な投資先であるはずの国債の金利（長期金利）であり、その他の投資では長期金利より高めの割引率が使われる。

投資している期間中に、オフィスビルがある街の人気が低下するかもしれない。その場合、出て行くテナントがあり、新しいテナントは安い賃料を求めるので、賃料収入は下がる。そうしたリスクを織り込んだ高めの割引率を使う（織り込むというのも曖昧なことだ）。さらには、十年後に売る時、予想した値段ではうまく売れないかもしれない。こちらもリスクを織り込んだ割引率を使う。

こうして、投資期間中、一年ごとに収入の割引現在価値を計算し、足し合わせる。その数字に、売った時の収入の割引現在価値を出して、足す。この計算から出た数字が、対象不動産の価値であり、投資会社にとっての、買っても良い値段となる。

要は、買い手が対象となる不動産を使ってどのような商売のプランを立てるかに依るし、それぞれの収入予想もそのプランに沿った形で計算されるわけだ。

さて、日本でも、商売で不動産を買う会社はずっとそんなことをしてきたはずだ、と思う人もいるだろう。ビル賃貸業の会社なら、対象となるビルからどのくらい稼げるかを予想し、ひょっとしたら途中で賃料を下げなくてはいけないかなと予想して、買う値段を決めていたはずだ。結局は、ノウハウと勘の勝負じゃないか……。

そのとおり。変わったのは、せいぜい収入プランの細かさぐらいだ。しかし、プランを細かく説明できることは決して軽視できない。ファンドを運用する投資会社はファンドへおカネを出した投資家に説明できなければならない。証券化商品として売り出すにも、詳しい説明をできるに越したことはない。とりわけ、相手にする投資家が、従来の証券投資でＤＣＦ法のような考え方に慣れている場合には、ＤＣＦ法で説明したほうがよい。

投資会社の人々は、細かい点を詳しく説明することを求められるため、一生懸命に対象不動産を調べ、一生懸命に不動産市況を読もうとする。金融庁が銀行に対して、資産査定にＤＣＦ法を使うことを求めるのは、このインパクトを狙っていると言えなくもない。ＤＣＦ法は決して客観的な数字を導き出すものではない。しかし、細かく不良債権の中身を見る習慣をつけるには有効だろう。

ただ、その説明がどのくらい妥当性があるかを知るためには、説明を聞く側にもかなりの努力が必要になる。予想値段の説明は、すべて個別の対象（不良債権の回収額や不動産などの事業収益）であり、個別のシナリオ、仮定条件に拠《よ》っているからだ。

投資会社にとってのメリット

投資会社にとって、ＤＣＦ法の使い勝手のよさは、汎用性にもあるようだ。不動産に使われる考え方は、企業の買収にも使われている。一年目にいくら、二年目にいくら、と純収入を予想する。そして、毎年の割引現在価値を出して足し合わせる。また、十年後などの時点での売れる値段を予想し、割引現在価値を計算する。それらを合計することで、その企業（全株式）を買ってもよい値段がはじき出される。

不動産であれ、企業であれ、キャッシュフローを稼ぐ道具・機械だと思えばＤＣＦ法は適用できる。企業内では多くの人間が共同作業をしているので、企業を機械と見なすのは非人道的だと怒る人もいるかもしれない。しかし、会社員同士でも「俺たちは歯車のようなものだ」と言うこともある。投資会社でなくても、我々現代人は企業を機械と見なすのに慣れている。

キャッシュフローを効率的に稼ぎ出すようにするためには、効率的な動きをするように歯車の位置を変えたり、歯車を減らしたり、また業績連動の報酬という油をさすという改良作業を適切にすればよい。この改良作業に自信を持つ投資会社は「買収ファンド（バイアウト・ファンド）」を作って投資する。改良よりも最初の設計が得意な人々は、自分で事業を起こすか、「ベンチャー・ファンド」を作って投資活動をする。

買収ファンドのファンドマネージャーは、投資先企業の財務・経営改革を、時には自ら社長になって、指揮する。そして、改革が軌道に乗れば、あとはＤＣＦ計算に使ったシナリオを上回るペースで、稼ぐキャッシュフローが増えていくかを監視することになる。どのファンドも、最大目標は、投資先を安定した収益力を持つ企業に作り変えることだと言う。これは、ＤＣＦ計算における売り値のアップを図ることを意味している。

ＤＣＦ法による価値計算は、不動産にも、企業にも使えることがお分かりいただけただろうか。ということは、もちろん、不良債権ビジネスの中でブームとなっている企業再生の分野でも活躍している。

再建と回収とどちらが得かの計算式

あおぞら銀行グループのサービサー・あおぞら債権回収は、地方銀行などを対象に、企業再生のコンサルティングに力を入れている。ある時、親しい地方銀行からこんな相談を持ちかけられた。

バルクセールで外資系ファンドが手に入れた債権のうち、温泉とホテルを組み合わせたリゾート会社向けの債権があった。外資系ファンドは、そのリゾート会社に対し、「全額返してほしい。そうでなければ担保不動産の競売も辞さない」と通知してきた。リゾート会社は、「これではやっていけない」と地元の地方銀行に相談してきた。

その地銀からの依頼で事情を調査したあおぞら債権回収は、リゾート会社が出血を止めないと破綻してしまう状態であり、外資系ファンドの動きを止めなくてはいけないことを知る。あおぞら債権回収は、その地銀など主力の債権者と話し合い、その外資系ファンドから債権を買い取るプランを作った。外資系ファンドが銀行の簿価（債権元本）より大幅に安く買っていることは予想できるので、その元本から、外資からの買い値を引いた分までは債権放棄

清算するか、再建するか
（割引率10%の場合）

	0年	1年	2年	3年	計
清　算	100	・	・	・	100億円
再　建	・	35	35	40	110億円
再建シナリオの現在価値		32	29	30	91億円

できる。それによって営業を続けられるリゾート会社の経営再建を助け、以後の営業収益から返済してもらうことにしたのだった。

こういったケースでは、あおぞら債権回収の依頼主である地方銀行にとって、地域経済のため、なんとか地元企業を生かしたい、という善意とは別に、シビアな計算が欠かせない。回収額の最大化だ。再建するほうが多く回収できるのか、それとも、清算したほうが多いのか。このとき、コンサルタントであるあおぞら債権回収は、ＤＣＦ法による計算をする。

図をみてもらいたい。清算すれば、つまり、会社を畳ませて、資産を切り売りすれば、すぐに百億円になると見込まれる。一方、その会社を再建すれば、毎年稼ぐキャッシュフローを全部返済してもらうことで、三年間で百十億円が手に入ることが見込まれる。一見、再建したほうが高い回収額のようだ。

ところが、一年目から三年目までの返済額を現在価値に直して、足し合わせると九十一億円にしかならない。この場合、清算したほうが回収額は多いと判断できる。逆に、この数字が百億円を超えてくるシナリオが十分に起こりうると考えられるなら、再建することを提案できるということだ。

さて、再建した場合にどれだけ回収できるか、のシナリオをよく見ると、ファンドが企業や不動産の価値を計算する際に使っていたものと一見すると違うところがある。それは、売る値段がないことだ。これは、例に使ったあおぞら債権回収のようにコンサルティングとして、債権者の回収率を計算したからだ。同じ企業再生分野でも、企業再生ファンドは、売り値を想定したDCF法による計算を行なう。しかし、両者は投下した資金の回収という点で一致している。貸出金を回収することも、取得した物件を売却することも、投下した資金を回収するという点で同じなのだ。

「どれだけ収益を生むか」から価値が測り直される時代

不動産も企業も、どれだけ収益を生むかという観点から価値を測り直される時代を迎えたということだ。売り上げシェア至上主義も土地神話ももはやご利益はない。新しい時代を乗り切るためには、頭を切り替えて立ち向かうしかない。だから、不良債権ビジネスを知っておいたほうがいい。

不良債権・不動産投資のプロのやり方を導入すると、便利なこともある。一般庶民にやりやすいのは、不動産に投資するときに、自分のシナリオに基づくＤＣＦ法計算をしてみることだろう。

昨今人気のあるワンルームマンション投資などはちょうどよい。同じ程度の家の家賃を調べて、値段を出してみよう。毎年の賃料を適当な率（たとえば十年投資するとしたら、十年もの国債の金利でいい）で割り引き、合計を出す。そして、売却のシナリオがあるプランかどうかをチェックして、あれば売り値を控えめに予想してみればよい。

不動産仲介業者やマンション販売会社が売り値につけている値段が高いか安いかの目安になるし、販売会社を相手に堂々と値段の交渉もできる。ただし、売却プランがない場合は注意が必要だ。建築物は年を経れば必ず劣化する。家賃を下げても借り手が居なくなった時にどうするか、というリスクはすべて投資家に転嫁されているかもしれない。そういうことも、不良債権ビジネスの不動産ファンドが売却まで込みの値段を計算していることを知っていれば、わかるだろう。

「実質簿価」になぜこだわったのか

ここからは、「実質簿価」という変わった名前の値段(?)について考えてみる。

二〇〇二年十月に政府が総合デフレ対策の中で産業再生機構を作る案を打ち出す直前まで、政府や与党の幹部が熱く議論していたことがあった。「時価」対「実質簿価」、つまり、銀行の不良債権を整理回収機構(RCC)がどんな値段で買い取るか、という議論だ。

不良債権の時価については、この章の初めのほうで説明したとおり、売り手(銀行など)と買い手(外資系ファンドなど)とが交渉、または入札で、売買を成立させた値段のことだ。買い手はDCF法に基づき、買いたい値段を計算することも説明してきた。

それでは「実質簿価」とは何だったのか。

二〇〇二年九月二十七日の日本経済新聞(朝刊)の一面トップに《不良債権購入を拡大

回収機構、実質簿価で》という記事が載った。冒頭は、「金融庁は銀行の不良債権処理を加速させるため、整理回収機構（ＲＣＣ）の不良債権の買い取り価格を引き上げ、不良債権の購入を拡大する。現在は市場の実勢価格を示す「時価」が原則だが、債権の簿価から将来の貸し倒れに備えて計上した引当金を差し引いた「実質簿価」でも購入する方向だ。ただし厳格な引き当てを条件にする。……」と書かれている。実際にはそうならなかったが、この時は記者が断定調で書くほど、政府・与党内の一部で盛り上がっていたのだろう。

実質簿価＝銀行の簿価マイナス引当金のことだ。この記事が言っているとおり、ＲＣＣは時価で買うのが原則であり、それより実質簿価のほうが銀行は売りやすい。というか、実質簿価とは、ずばり銀行が売りたい値段だ。

つまり、

時価＝売り手と買い手が売買交渉を成立させた値段
実質簿価＝売り手が売りたい値段

という関係であることをしっかり頭に入れておいてほしい。

銀行の評価があまりに甘かった

日経新聞の記事が書いていたのは、金融庁がRCCに不良債権を売り手の言い値で買わせるということだった。こんな奇妙な話はない。売り手の言い値でする買い物とは、どうしても欲しくてしょうがない稀少な品物の場合か、小額商品なので定価でも構わない場合のどちらかであろう。銀行の不良債権はどちらでもない。RCCは債権回収が仕事だからといっても、何でも、どんな値段でも欲しがっているわけではない。

翌二十八日の朝日新聞（朝刊）経済面に掲載された解説記事《実質簿価買い取り焦点　RCCの不良債権処理策で急浮上》では、この点に触れて次のように書いている。

「最大の問題が、損失が発生した時の穴埋めを誰が負担するかだ。RCCは親組織の預金保険機構を通じ政府保証付きで資金を調達しており、二次損失が発生すれば、最終的には税金投入など国民負担になる」

銀行の言い値でRCCが不良債権を買うと、つけが国民に回る、ということだ。それでも、政府・与党内には、条件によっては時価と実質簿価に差はない、と強弁をする人もいた。同じ朝日新聞記事で、

「柳沢伯夫金融担当相や金融庁は『厳密に引き当てれば実質簿価は時価と同じになる』と言う。破綻懸念先の引当率の目安は七〇%だが、一〇%しか回収見込みがないと考えれば引き当てを自ら九〇%に積み増せばいい。そうすれば損失は発生せず、国民負担にならない」（著者注・記事中の引当率の目安は、「担保でカバーされていない部分の七〇%」というのが正しい）

これは大臣などの発言もおかしいが、それをそのまま書いている新聞記事の説明も論理的でない。実質簿価はどんなに厳密に引き当てても、売り手の言い値、希望価格である。買い手がその値段で買うと言うかは別問題だ。また、銀行が簿価の一〇%しか回収できないと見込み、九〇%の引当金を積んでも、RCCが回収後に損失を出さないとは言えないし、関係がない。これは、一〇%しか回収できないと見込んだ銀行が自分で回収して一〇%回収できると言えないのと同様、神のみぞ知る未来の話だからだ。だからこそ、RCCなどの買い手は一生懸命、自力で、回収できる額を予想しているし、その必要がある。

こうした「実質簿価でいいじゃない」発言は、大手銀行トップもしていた。九月二十五日の日経新聞（朝刊）経済面の記事で、

「全国銀行協会の寺西正司会長（UFJ銀行頭取）は、二十四日の記者会見で、整理回収機

構（ＲＣＣ）の不良債権買い取り価格について、実質的に引き上げるよう要望した。時価で買い取る現行制度のままでも「柔軟な価格設定をすれば簿価から貸倒引当金を差し引いた価格（実質簿価）で買うこともできるはずだ」とし、金融界として高値での買い取りを求める考えを初めて表明した」

売り手が「できるはずだ」と言っても、買い手は「そうですね」とは言わない。それはあくまで買い手が自分の商売を成立させるために計算するものだからだ。買った値段が高過ぎれば、買い手の商売にダイレクトに響く。ＲＣＣは赤字を累積させるわけにはいかないし、それが国民につけを回さない道でもある。

二〇〇二年、ＲＣＣが銀行から買い取った不良債権は、「買取債権元本」（銀行の簿価）で一兆一九四四億円、「買取価格」（時価）で一四〇五億円だった。つまり平均すると、銀行の簿価に対する時価は約一二％である。なるほど低い。これだけ見ると、銀行のトップが文句を言うのも無理はないような気にはなる。

しかし、その同情を取り除いてみると、別のストーリーも見える。これだけの数字では銀行がどれだけ引当金を計上していたかは分からないが、銀行がもっと高い値段で買い取ってくれと希望するということは、「簿価マイナス引当金」と時価の差がかなりあることを示している。つまり、銀行の評価があまりにも甘かったとも解釈できる。

RCCの値付け

では、RCCはどのようにして値付けをしてきたのか。

RCCが金融機関などから資産を買い取る値段については、金融再生法第五十六条で資産買取基準が規定されている。そこには、二〇〇一年末に同法が改正（施行は二〇〇二年初め）されるまでは「資産が回収不能となる危険性等を勘案して適正に定められたものでなければならない」と書かれていた。

これは、当たり前のことを言っているに過ぎない。不良債権の回収には当然、回収不能の部分が出る。法律は、その場合に、損失の出ない値段で買い取らなければならない、ということで決められたものだという。このころは銀行の簿価の数％で買い取っていた。二〇〇二年の実績に比べ半分くらいの水準だ。

RCCにはとにかく他で売れないものが来た。担保不動産をみても、暴力団関係のもののほか、山林原野、造成途中のゴルフ場用地、それに融資をした銀行の人も行ったことのない小さな島や山奥の不動産もあったという。RCCは外部には固有名詞付きの事例を明らかにしないが、その内部資料には、バブル時代に銀行がとにかく不動産であれば何でも担保として認め、融資をしたことの証拠がぞろぞろ記録されているようである。

破綻先債権の場合、そういう担保不動産から回収するのがメインとなる。外部の不動産鑑定士による評価の後、RCC職員が現地を見に行き、市場性・地域性・形状などからみて早期に売却できるかどうかで、価値の評価を下げていく（減価）作業をする。暴力団関係者が関わっているような物件の場合、処分が難しいとみられるので、追加的な減価をする。また、境界線が確定していないものや産業廃棄物の撤去が必要なものも費用が差し引かれていく。

二〇〇一年の金融再生法改正後に「金融機関等の資産を買い取る場合又は当該資産の買取りに係る入札に参加する場合の価格は、時価によるものとする」と、「時価」が登場した。この条文に基づき、資産買い取り価格の算定方法が作られた。算定方法はRCCのホームページで「金融機関へのお知らせ」として公表されている。こう書かれている。

「個々の債権の価格

債務者の状況から判断して一定期間のキャッシュフローからの弁済が見込まれる債権については、一般に時価を算出する際に行なわれている手法と同様に、将来期待されるキャッシュフローを予測し、その総額の内弁済充当相当額を一定の割引率を用いて現在価値に割り戻す手法（ディスカウンテッド・キャッシュ・フロー法＝DCF法）により価格算定を行なう」

なんのことはない。おなじみのDCF法である。それで、銀行簿価に対する売買成立価格（時価）が二〇〇二年に跳ね上がったのかというと、必ずしもそうではないらしい。

二〇〇一年までは実質破綻先以下の債権がほとんどで、しかも暴力団関係の妨害を排除するなど手間がかかるものが多かった。また、担保が付いていなかったり、担保があってもそれに価値がない債権が多かったりしたことから、銀行簿価に対する買い取り価格の比率も低かった。

二〇〇二年に入って、破綻懸念先債権の持ち込みが増え、物件処分以外のキャッシュフローのウェイトが高まったこと、占拠者などへの対処が必要なケースが減少したこと、担保が付いていない債権の割合が減ってきたことが貢献しているそうだ。RCCによると、破綻先債権では、買い取り価格が銀行簿価のせいぜい一〇％程度だったのが、破綻懸念先債権では三〇％程度の場合もあるという。

実質簿価の一〇〜一五%が「相場」

ＲＣＣの価格算定も、外資系投資会社と似たような計算法を使っているわけで、とりたてＲＣＣの値付けが安く買うことにバイアスがかかっているようには見えない。しかも、ＲＣＣは値付けを第三者機関にチェックされることになっている。親組織である預金保険機構の買取価格審査会によってだ。さらに（形だけだろうが）内閣総理大臣の承認を経ることになっている。

また、「ＲＣＣの時価」対「銀行の実質簿価」の議論が政府や与党で盛り上がっていたころ、きわめて単純な事実が議論から抜け落ちていたし、新聞などマスメディアも記事中の関連情報として報じていなかった。それは、ＲＣＣの買っている値段、つまり銀行簿価の一二%程度というのは、外資系投資会社の買っている値段と同じくらいだということだ。

ＲＣＣは二〇〇二年から銀行が実施する入札にも参加するようになった。外資系投資会社と同じ土俵で競っているわけで、そこで落札したものも買った価格の実績値に含まれている。つまり銀行簿価の一〇〜一五%程度という売買成立価格（時価）は、二〇〇二年の日本における不良債権の相場と言ってもよい数字だ（ただし入札の場合、平均値より低いケースも多いという）。だから、銀行は、ＲＣＣに高値で売れるなら、他の買い手についても同じ行動を取れることになる。しかし、なぜかＲＣＣだけを対象に不平を言う銀行トップがいた。

もう一つ興味深い話がある。二〇〇二年秋に不良債権の買い手を取材していた私は、ＲＣＣが参加した入札で三割近く勝っている（落札している）ということを、ある民間の買い手企業で話した。するとその人は「えーっ」と驚いた。そして「三割も勝っているんですか」。有力な外資系投資会社でも一割台の勝率だという。考えてみれば、不良債権の買い手としては大手だけでも十数チームいるわけだから、三割の勝率を稼ぐプレーヤーがいると、他のプレーヤーは結構、落札に苦労しているのかもしれない。

元気な銀行ほど不良債権も多く売れる

売りに出される不良債権の中身は千差万別なので一概には言えないが、多く落札できるということは他者より高い買い値を出していることが多いと推測できる。銀行が「安すぎる」と言うＲＣＣの買い値は、他のプレーヤーに比べ遜色がないと考えるほうが自然ではないか。

二〇〇二年秋の政府や与党の議論は、あまりにもアンフェアなものだった。それに気付いて以来、私は、銀行側の債権に対する評価が甘過ぎたという、もう一つの側面に強い関心を持っている。

時価は買い手との交渉で決まるので事前に分からないとしても、銀行が予想外の損失を出さないためには、売買成立するであろう値段に近いところで評価し、引当金を積んでいればよい。この点を金融庁などは「厳密に引き当てれば実質簿価は時価と同じになる」と表現していたわけだが、「買い手のつく水準を厳密に予想して、足りない分を引き当てれば、実質簿価は時価に近い水準になる」というのが正しい。

一般に、銀行は破綻懸念先債権について、簿価の約五〇%は担保や保証等でカバーできており、残りのカバーされていない部分の七〇%程度について引き当てをしているといわれる。ということは簿価の六五%程度（五〇プラス「五〇の三〇%」）は回収できると予想していることになる。ところがRCCや外資系投資会社が買った値段は、簿価の一〇〜一五%だった。RCCなどに聞いても二〇%、三〇%で買えるものもあったそうなので、全部が全部とは言えないが、五〇〜五五%（六五マイナス「一五〜一〇」%）の予想外の損失が出たケースもあったことになる。簿価で一〇億円の債権なら、五億円もの予想外の損失を出さなければならない。

もっと心配なのは、破綻懸念先の1ランク上の要管理先に区分されている債権だ。一般に、銀行の引き当ては簿価の一〇～一五％程度とみられる。この場合、簿価の八五～九〇％程度で外資系投資会社が買ってくれれば予想どおりなので痛みは小さい。だが、買い手企業に聞いてみると、破綻懸念先にあるべき企業が要管理先に区分されている例もあるらしい。銀行の自己査定の結果なので、独自に回収率に自信があるのだろう。しかし、同じ程度の評価をする買い手企業がいないと、とんでもなく大きな予想外の損失が出る。

ある銀行が実施した不良債権の入札で、こんな事例もあったと聞いた。破綻した温泉リゾートについて銀行側はすぐ売れると主張していたが、入札参加者はすべてゼロ査定を出した。その後、銀行が自力で売ったのかどうかは知らないが、予想をはずすことはどの銀行にも今後ともありうる。

二〇〇三年に入って、大手銀行はいっせいに自己資本増強に取り組んだ。だが、これで十分だとは誰にも保証できない。二〇〇二年九月末の全国銀行の不良債権残高は約四〇兆円(金融庁まとめ)。不良債権の処理に伴い、引き当て不足による予想外の損失が増えれば、業務純益を食いつぶし、自己資本を使わざるをえない事態がまた来ないとは限らない。

不良債権売買は、売り手と買い手の間での値段をめぐるかけ引きの要素もある。売り手は多少高めの数字を言い、買い手は低めの数字を主張するところから始まる交渉ゲームだ。しかし、ホンネの部分では、買い手がつける上限の値段に、銀行の体力（自己資本＋業務純益）がついていかないとできないゲームでもある。だからこそ、銀行のトップは「実質簿価で買ってくれ」などという発言をしてはいけない。買い手側には、「ウチは時価で売る体力がない」と言っていると解釈され、足元を見られかねない。

二〇〇二年度上半期（四―九月）にＲＣＣが銀行から買った債権は簿価で約六千九百億円（ＲＣＣ発表）。そのうち三菱東京フィナンシャル・グループだけで約三千三百億円分、売却したとのこと（二〇〇二年十二月五日付日本経済新聞朝刊）で、ほぼ半分を占めた。最も元気な銀行ほど最も多く売れる、というわけで、不良債権をあまり売っていない銀行ほど実は気になる。

第七章　産業再生機構は救世主になるか

総合デフレ策の目玉商品・産業再生機構

二〇〇二年九月末に内閣改造を経た小泉政権は、不良債権処理を加速する姿勢を強めたことになっている。しかし、本当に加速するの？　と思うせいか、あまり明るい展望を語る学者やエコノミストはいない。一般国民には、またか、という気持ちもある。それに不良債権処理の加速からは、銀行経営への打撃、その結果として、借り手企業の破綻の増加も予想できるので、先に景気対策を、という声も根強い。

はたして、不良債権処理の加速はできるのか。できるとすれば、どうすれば、スピード・アップするのか。

内閣改造後の小泉政権は、一カ月後の十月末に『総合デフレ対策』を打ち出した。そのうちの金融関連の方策としてまとめられたのが『金融再生プログラム』だ。これらをまとめて、新聞は「査定強化・産業再生一体で」（十月三十一日付日本経済新聞）と報じていた。

その一ヶ月間でかなりのことが議論された模様だ。全国サービサー協会も十月の中旬に監督官庁の法務省から「再生関連で何かできないか」と聞かれ、意見をまとめた。しかし、サーピサーは、第一章などで説明したとおり、必ずしも外資系ファンドなどとグループになった大きなプレーヤーばかりでない。信販系や消費者金融系の債権回収専業も多く、「サービサーが再生のメインプレーヤーになるのは違うのでは」という見方が大勢だった。

意見集約の中で、大きな不良債権ビジネスをめざす一部のサービサーは「官業（RCC）の民業圧迫の懸念」を政府に訴えようと希望したようだ。再生の大義名分でRCCの業務が拡大すると、民間サービサーに大きな仕事が回ってこなくなることの心配があるからだった。だが、多数派はRCCと競合していないので、その点に無関心だった。結局は「RCCと協力しながら再生に取り組む」というような表現に落ち着いた。むしろ全体の仕事をしやすくするようサービサー法改正、税制改正を求める主旨の意見書の提出となった。

しかし、出来上がった総合デフレ対策では、より大きな不良債権ビジネスをめざすサービサーにとっては、巨大な不確定要因を含んでいた。産業再生機構の設立だ。メインバンク以外の債権者である銀行から債権を機構が集め、メインバンクとともに企業再生や（企業まるごとでなく事業単位での）事業再生をしていくための国策会社を作るということが、総合デフレ対策の目玉商品だった。

RCC以外に不良債権買い取りをする官業が登場するということは、「官業の民業圧迫」

になるのか。それとも、新機構の買い取りで銀行から出てくる不良債権が増えるということは民間サービサーにとっても仕事が増えることを意味するのか。まだ分からない。

金融再生プログラム・最大の注目点

産業再生機構の登場は、サービサー業界ならずとも、唐突な事件だった。少し振り返ってみよう。

政府内でも、民間でも、内閣改造からの一ヶ月で注目を集めていたのは、金融再生プログラムだった。金融担当大臣が、「銀行は健全であり、公的資金は必要ない」と主張していた柳沢伯夫氏から、公的資金の注入も含め抜本的な金融安定化策が必要と唱えていた竹中平蔵氏へ交代。金融行政が大幅に変わるのは必至、と予想されたからだ。

竹中新大臣による金融政策の取りまとめは、金融庁とは別の独自のプロジェクトチームで進められ、案が外部に漏れることはほとんどなかった。だが、先走る新聞報道などからやはり急進的な案だと見られたため、銀行業界ならびに、有力な与党政治家が反対に回るという構図ができた。結局のところ、妥協案としての「金融再生プログラム」が決められた。そして、本物の竹中案は表に出ることは一度もなかった（新聞は金融庁からの取材でそれらしい案を書いていたが……)。

金融再生プログラムは、冒頭に「平成16年度には、主要行の不良債権比率を現状の半分程度に低下させ、問題の正常化を図るとともに、構造改革を支えるより強固な金融システムの構築を目指す」とあるとおり、目標は、平成十六年度、すなわち二〇〇四年度に不良債権比率を半分に、と歯切れがよい。

その一方で、不良債権問題の終結に向けての措置となると、曖昧な文言が並ぶ。政府と日銀が一体となった支援態勢の整備、経営難や資本不足に陥った銀行を「特別支援金融機関」と認定し、経営改革を監督することなどだった。特別支援金融機関にあたる銀行が現れなければ、何か特別なことをしないわけで、新しい不良債権処理の加速策らしいものは見当たらなかった。

むしろ注目されるのは、金融行政の新しい枠組みとして、金融機関の資産査定を「これまでにも増して厳格化する」と言い、ＤＣＦ（割引現在価値）法を採用することを打ち出した点だ。ＤＣＦ法は、バルクセールなどで買い手の投資会社が使っている方法。銀行側にも同じ方法で価値の計算をしてもらおうということ。うまく行けば、銀行が見積る債権の値段が、売り手と買い手の交渉の結果である「時価」に近づく。

ただし、DCF法はあくまで、あるシナリオに基づいて計算するものであるため、厳格化となるかどうかは、行政当局の手腕とやる気にかかっている（おっと、銀行の資産査定が正しい方向へ導かれるかどうかが行政当局の手腕とやる気に依存しているのは今までも同じですね。失礼しました）。言い換えると、DCFという細部の情報を必要とする計算法を銀行に採用してもらうことで、行政当局が監督の手腕を発揮しやすくなった、ということだろう。

また、金融再生プログラムには、二〇〇三年三月期末に向けて特別検査を再実施することも盛り込まれた。後に、大口の借り手企業（銀行から見て、百億円以上の融資先）を対象に評価をただし、債権区分を確定するための特別検査であることが明らかにされた。銀行の自己査定は甘く、破綻懸念先にすべき企業が要注意先（または、そのうちの要管理先）にあり、そうすると引当金が足りなくなっていることを懸念してのことだ。

DCF法の採用はまず、大手銀行に対し、三月期末に持つ大口の債権について使うことが要請された。金融庁は、決算発表が終わった後に各銀行によるDCF法の適用が妥当かどうかをチェックする見通しだ。DCF法計算に必要な細部の情報の調査をまじめにすると時間がかかる。たとえば担保不動産なら、それぞれ実際に見に行くことは必要だろうし、その売れる値段を予想するには多くの情報を集めなければならない。チェック作業もまた同じ難しさが伴う。金融庁の検査の手腕が二〇〇三年後半に試されることになる。

新しい主役登場のインパクト

ところで、もう一度、産業再生機構が突如として登場したときのことを思い出そう。九月の内閣改造まで、私が注意して見ていたのは、第六章で説明した、「時価」対「実質簿価」論争だった。時価で取引するべきであるのに、銀行の言い値である「実質簿価」で不良債権をRCCに買わせようと主張している人々がいた話だ。これが、実質簿価による取引に反対していた竹中氏が金融担当大臣になったことで突如として実質簿価派の発言の声が小さくなった。

さて、実質簿価派の人々は竹中氏を畏《おそ》れて、時価派へ宗旨替えしたのだろうか。実質簿価派の代表格には、自民党の山崎拓幹事長、寺西正司全銀協会長など大物がいたのだから、それは想像しにくい。

実質簿価派のうち銀行の人々は、金融再生プログラム作りの過程で、いわゆる竹中案に反対するのに忙しかった。特に税効果会計で、将来の損失で戻ってくる税金分を「繰り延べ税金資産」として資本に組み入れるのを許している現行ルールを見直すのではないかという観測が漏れてくるのに伴い、銀行トップ団は反対運動に忙殺された。突然のルール変更で自己資本が足りないと言われたのでは、銀行でなくても対処のしようがない。

大手銀行トップ団はそろって記者会見（十月二十五日）を開いたり、与党へ陳情しに行ったりと活発に動き回った。陳情を受ければ与党首脳も対策を考えるのに忙しくなる。というわけで、「実質簿価派」の人々は「いわゆる竹中案への反対派」にそっくり変身していたのだ。

そうしたギリギリの攻防を経て、十月三十日、総合デフレ対策が発表された。そのうち金融再生プログラムでは税効果会計のルール変更はなかった。ただ、繰り延べ税金資産について「会計指針の趣旨に則ってその資産性を厳正に評価するとともに、算入上限についても速やかに検討する」と書かれていた。

金融再生プログラムの代わりに、総合デフレ対策で最も注目を集めたのが産業再生機構を作ろうという内容だった。この時点で、政・官・民の関心の中心となってきた不良債権処理加速策の主役が交代したわけだ。話のすりかえだと言っているのではない。不良債権の処理を加速するなら、銀行と借り手企業の両方を対象に加速策を設けるのは正しいだろう。この主役交代は、視点をずらすことで同じものをより精密に見る作業なのかもしれない。

後に日本経済新聞が多数の関係者に取材して書いた特集記事『検証ルポ・竹中旋風』では、産業再生機構の案は、いわゆる竹中案をめぐる事態の膠着に財務省が「助け舟」を出したものだったことを明らかにしている。

「『……再生できる企業を再生させる仕組みを作らなあかん』金融再生策の中間報告公表が撤回された十月二十二日夕方。財務相の塩川正十郎は経済関係の閣僚が顔を合わせた首相官邸の一室で経済財政・金融担当相の竹中平蔵に向かって声を張り上げた」

「塩川発言をゴーサインに武藤（財務省事務次官＝筆者注）らは八月から省内でひそかに温めてきた腹案を持ち出す。金融庁と共管する預金保険機構の傘下に回収機構と産業再生のための新機構をぶら下げる……」

「十月二十三日午後六時過ぎ、官邸で塩川、竹中……大筋で新機構設置の方針が確認された。経済産業省の担当部署に具体化の指示が下りたのは二十五日朝……」

（いずれも十一月五日付日本経済新聞朝刊から引用）

この産業再生機構という新しい主役の登場は、「いわゆる竹中案への反対派」に変身していた実質簿価派の人々にとって、嬉しい知らせだったかどうかは分からない。だが、彼らの矛先を鈍らせる効果はあった。RCC以外にも、不良債権を買い取る公的機関ができるとすると、銀行側はRCCだけを対象に値段設定の見直しを求めてもしょうがない。それに、新機構は、ひょっとするとRCCより高値で買ってくれるかもしれない。

以上で、「時価」対「実質簿価」論争には一応の区切りがついた格好だった。二〇〇二年十一月に会った某サービサーの社長に「新機構の買い取り価格が気になりますね」と訊ねたら、「もうその問題は決着したんでしょ。そう認識していますけど」と言っていた。このサービサーを含めRCCと競合する不良債権の買い手企業は実質簿価に反対する立場だった。なぜなら、RCCが政策的に高く買うと、入札で勝つのが極端に難しくなるからだ。しかし、産業再生機構がどんな値段で買い取るかは、同機構が動き出してみないと分からない。ただ、新しい主役の登場は、商売人の目をくらませるほどのインパクトがあった。

新機構に期待される夢

産業再生機構は、不振企業の債権をメインバンク（主力銀行）以外から買い取って、メインバンクと協力して再建を支援する。とは言え、すべての不振企業を対象に再建の手助けをするという話ではない。

二〇〇三年一月末に国会に提出された株式会社産業再生機構法案（四月初旬に成立見込み）には、

「有用な経営資源を有しながら過大な債務を負っている事業者に対し、過剰供給構造その他の当該事業者の属する事業分野の事態を考慮しつつ、当該事業者に対して金融機関等が有する債権の買取り等を通じてその事業の再生を支援することを目的とする株式会社とする」

と書かれている。つまり、有用な経営資源を有する企業であることが支援の条件だ。

社長を含む産業再生委員会がそんな条件を満たしているかを決める。満たしていなければ、清算するのが適当と見なされたことになる。そこで、塩川財務大臣が「えんま大王」と表現していたわけだ。

企業再生ファンドなど企業再建に関わっている人々からは、新機構に期待する声が多い。これまでは、一つの企業を対象に債権を持つ金融機関が多数いることによって、債権買い取りや企業買収、営業譲渡など、再建への仕組み作りの交渉が停滞してきたからだ。債権者としてもそれぞれが回収できると見込んでいる金額とその方法が違うので、一つの銀行が再建案に同意しても、他の銀行はノーと言うケースもある。そうすると、再建案をまとめるのに時間も手間もかかりすぎる弊害があった。

産業再生機構はメインバンク以外の債権を買い集める作業をするので、ファンドなどは機構とメインバンクだけを対象に交渉にのぞめばいいことになる。それだけ仕事ははかどることが見込まれるのだ。この債権買い集め作業に関しては、企業再生ビジネスに参入している企業から新機構への期待は高い。また、企業再生を本業としない企業が、再建が必要な企業へのスポンサーになるときにも、障害を減らす効果があるだろう。

いかに自主独立を保てるか

しかし、買い取り価格については、新機構が自主独立性を保てるか、そして一部の金融機関・企業に恩恵を与えないかという点で懸念が残る。二〇〇二年十一月二十一日付の日本経済新聞朝刊の一面トップ記事は、新機構の政府原案が「実質簿価で債権買い取り」としていることを書いた。政府原案ということは、経済産業省・財務省・国土交通省・金融庁という関係官庁が作ったものだ。

実質簿価派の人々はしっかり生き残っていた。しかも、官僚機構の中の多数派でもあるようだ。

その後、実質簿価の言葉はまた表面から消えることになる。十二月十九日、小泉総理を本部長とする産業再生・雇用対策本部は、『企業・産業再生に関する基本指針』を決めた。指針には、債権を買い取る値段については「企業の再生を念頭においた適正な時価」と書き込まれた。二〇〇三年一月に公表された株式会社産業再生機構法案でも「再生計画を勘案した適正な時価」とほぼ同じ言葉が使われた。

言葉の上では実質簿価ではない。だが、時価はあくまで、売り手と買い手の取引交渉が成立した値段であるだけのことであって、どんな値段に落ち着くかはまだ分からない。「適正な」と付いているからといって、適正な値段算定の公式があるわけでもなんでもない。つまり、「適正な時価」という言葉は、何も特別なことを言っていないはずだが……。

新機構の仕事の流れを単純化すると「債権を買う」「企業の再建を助ける」「債権を売る」となる。それゆえ、産業再生機構が買う値段は、ＲＣＣと同じ意味で、重要だ。《売る値段》より《買う値段》が高いと赤字になる。赤字については、ある程度は自己資本で補填できるだろうが、それを超えると、国民へつけを回すことになりかねない。

赤字を出さないようにするにはどうするか。それは、銀行から買い叩いていると言われる外資系ファンドと同じような行動を取ることに尽きる。「安く買う」「企業の再建を成功させる」「高く売る」の三要素を実行するしかない。このうち、「安く買う」ことができるなら、その値段を「適正な時価」と呼ぼうが何と呼ぼうがどうでもよい。

しかし、そこをわざわざ「再生計画を勘案した適正な」と言っているところを、逆に心配する声もある。某国内資本ファンドのファンドマネージャーは、「われわれが企業を評価する時、最低三つのシナリオを想定して計算する。収益力上昇・収益力一定・収益力下落の三つ。そのうえで、上昇のシナリオが他より利回りが稼げて、かつ実現可能なら買いに入る条件をクリアしたと考える。機構は、最初から上昇シナリオしか計算しないつもりではないか」と言う。

結果が異なるシナリオをまずは検討してみるというのは、RCCも実践していることだ。RCCの場合、①再生シナリオ（キャッシュフロー十年を計算）、②担保売却シナリオ（キャッシュフローを五年得た後、売却）、③清算シナリオ、の三つである。①と②のシナリオはもちろんDCF法により総回収額を計算する。

何度も説明してきたが、DCF法による評価とは、あくまで特定の予想シナリオに基づき、予想純収入を現在価値に直して足したものである。もし、企業の価値が上がるシナリオだけを計算するなら、高めの値段は出せる。しかし、それは対象となる企業を再建できる自信があるからこそ出せる値段だ。この点、産業再生機構は、ＲＣＣより不利な面がある。

産業再生機構の売り値に当たる値段はＲＣＣの回収額。ＲＣＣは自分の実力で回収できる金額を予想し、そこから必要経費を引いて買い値を出すので、黒字を確保しやすい（それでも失敗はある）。しかし、産業再生機構は自分の実力だけで企業の再建、つまり価値の向上を図るわけではない。どちらかというと、銀行と同様に、債権者（あるいは少数派株主）として監督する立場。たとえば対象企業がメーカーで同業のスポンサー企業が登場するとか、企業再生ファンドが買いに入るとか、あるいは外部から優れた経営者を送り込むこと、などによって企業再建をする場合の監督者であり助言者が産業再生機構なのだ。

スポンサー企業や企業再生ファンド、外部から派遣される経営者、そうした人々の財務・経営改革の実力こそが再建シナリオで値段を計算するための裏づけと言うべきものだ。そして、その人々なら自分の実力を勘案して、企業価値が向上するシナリオで値段をつけることもできる。だが、産業再生機構は違う。

値付けに対する外部からの疑念を意識している谷垣禎一産業再生担当大臣は、機構の値付け作業について、民間会社にアウトソーシング（外部委託）する可能性に言及したこともある。たとえば、二〇〇三年二月十八日放送のテレビ東京のニュース番組「ＷＢＳ」では、

「具体的に買い取る時には、評価みたいなこと、デューデリジェンスといいますか、そういうものもやらなければなりません。例えばそういうのをアウトソーシングするということも、場合によってはありうると思いますし、それから、じゃあ具体的に、そういうものを審査して建て直していく時に、ファンドなんかに手を挙げていただいてですね、やっていただくということも十分ありうるんだろうと思います」

と語っている。

こうした谷垣大臣の発言について、ある企業再生ファンドのトップは「谷垣さんが言っておられるように、一つには、外部の業者、例えば売り手側とは異なる会計士に価格算定を依頼する、もう一つは、複数の民間ファンドなどに予め転売することを前提に民間ファンドから価格呈示を取る、のいずれかが考えられているのではないでしょうか。谷垣さんがどこまでお考えなのか分かりませんが、本来は、透明性を確保するためには、全案件について、どちらかを実施するのが妥当なのでしょう」と論評した。

ファンドの解釈が正しければ、産業再生機構の買い値の算出はかなり透明性を増す。機構がこれで直ちに赤字を出さないという意味にはならないが、少なくとも実質簿価派の影響下にないことを世間に示すことにはなる。はたして、そういうことになるのだろうか。多くの期待と課題を抱えながら、産業再生機構はまもなく誕生しようとしている。

メガバンクの対応

産業再生機構の陰にかくれ目立たなくなった金融再生プログラムではあるが、資産査定厳格化を打ち出したことで、銀行へのプレッシャーは十分発揮しているようだ。大手銀行は、新しい不良債権処理策を打ち出し、その結果、不足してくる自己資本に備えて、いろんな形で増資を始めた。

みずほフィナンシャルグループの持ち株会社・みずほホールディングスは二〇〇二年十二月五日に、不良債権を集中して管理・処理する新会社を設立することなどを柱としたグループの事業再編策を発表した。その新会社には、みずほ銀行・みずほコーポレート銀行・みずほアセット信託銀行から、要管理先や破綻懸念先に区分されている債権、簿価で最大五兆円分が集められる。一括して管理してもグループ内から不良債権が減るわけではないが、売却などの早期処理がしやすい利点はある。一方で、持ち株会社であるみずほホールディングスのさらに上に、新しい持ち株会社を作り、カードやシステム会社などすべてのグループ企業を傘下に置く形にする。多くの収益を持ち株会社に集めるためだ。

ＵＦＪグループも、不良債権一兆円分を集中的に管理・処理する別会社を作る。こちらは新会社に米メリルリンチが出資し、不良債権処理を助ける。また、大手銀行はすべて、なんらかの形で融資先企業の経営再建を助ける部隊を拡充した。再建に成功すれば、その企業向けの融資が正常債権に戻るためで、処理しなければならない不良債権を現状以上に増やさないための努力だ。

不良債権処理を急げば、引当金が多く必要になるなどで自己資本が減っていく。このため、増資も相次いだ。二〇〇三年二月の時点で各行が計画または実施した増資は、みずほ（一兆円）、三井住友（四千億～四千五百億円）、三菱東京（三千五百億～四千億円）、ＵＦＪ（二千三百億円）、りそな（一千億円）。ただし、普通株の公募増資をしたのは三菱東京フィナンシャル・グループだけで、残りの大手銀行は優先株（配当高めで議決権がない株式）を第三者割り当て増資する形式を採った。

元社員に助けられた東京三菱

いわゆるメガバンクの中では、三菱東京フィナンシャル・グループが不良債権処理を積極的に進めてきたことは、繰り返し述べてきた。一九九七年に外資系投資会社へのバルクセールにいち早く踏み切ったのが東京三菱銀行であり、ＲＣＣへの売却も最も多いのも同グループだ。もう一つ、不良債権処理の有力なルートを持っている。それは、銀行が計画して作ったものではなく、かつて内部にいた個人が独自に立ち上げたベンチャー企業によってもたらされた。

二〇〇二年十月末、日本リバイバル・ファンドという名の企業再生ファンドが発表された。集めた資金は四百七十一億円。東京三菱銀行、三井住友銀行、足利銀行、静岡銀行、中国銀行など計十五行、不動産投資会社のパシフィックマネジメント、その他の国内機関投資家が出資した。

そして、発表文には、業務内容として、「再生が可能な企業に対する債権ないし株式を時価で取得し、企業価値を向上させること」や「金融機関の保有する債権を時価で取得の上、債権価値を向上させつつ円滑な債権回収を行なうこと」などが書き込まれていた。さらに、日本政策投資銀行やRCCと業務提携した、とも。

債権を買い取って企業再生をする、いわば民間版・産業再生機構だが、日本リバイバル・ファンドは、政府のアイデアより先行して登場し、実際の活動も始めた。

このファンドを運用するのは、投資会社フェニックス・キャピタルであり、その代表取締役マネージング・パートナーは安東泰志氏だ。安東氏は、旧三菱銀行出身で、一九九六年、東京三菱銀行となるまでの八年間、ロンドンに駐在。東京に帰任後、銀行の中枢である企画部や、証券会社戦略を練る投資銀行企画部に籍を置いた後、独立し、フェニックス・キャピタルを起業した。

ロンドン駐在時代は、国際金融界における日本の銀行の絶頂期、そして急激な地位低下の時代と重なる。ロンドンの三菱銀行の中で、安東氏は不良債権処理チームの唯一の日本人だった。そして、三菱が邦銀の取りまとめ役を任されることが多かった。相当な激務に追われたらしい。

「有名なのはユーロトンネルの案件がありますが、二十件も三十件もやりました。朝から晩まで弁護士事務所に詰めたり……」と本人は振り返る。その結果、安東氏は、銀行など債権者間で処理の手続きを進めることに通じるようになった。現在、国際的に認められている不良債権処理のルール「ＩＮＳＯＬ８原則」の基盤になった「ロンドン・アプローチ」をバンク・オブ・イングランド（英国中央銀行）が中心になって取りまとめていた作業にも参加していた。

こうした体験に基づき、安東氏の頭の中には、独自の不良債権処理の方法論が出来上がっていた。そして、東京で投資銀行業を調査しているうちに、買収ファンドなどプライベート・エクイティ・ファンドにも詳しくなり、どうしてもやりたい仕事になった。それを具体化したのが、独立してのフェニックス・キャピタル設立だったということらしい。本人いわく「幸運にも上司・先輩に恵まれ」、資金集めにも私的に後押ししてもらい、また、投資会社設立と同時に東京三菱銀行と業務提携ができた。

日本に最近現れた買収ファンドや企業再生ファンドの中には、各種金融機関から独立した人が多いが、これほどスタートから恵まれた人も珍しい。たいてい数十億単位の資金集めでも苦労しているが、フェニックス・キャピタルは二〇〇二年三月に作った第一号のジャパン・リカバリー・ファンドでも二百億円強の資金を集めた。出資者は国内の八社、うち一つが東京三菱銀行だ。

「私的整理に関するガイドライン」の問題点

少し話はそれるが、ＩＮＳＯＬ８原則にならって日本でも共通ルール「私的整理に関するガイドライン」が作られたが、昔からの銀行業界の慣行により換骨奪胎され、使いにくいものになっているように私は思う。

ＩＮＳＯＬが、

「主要債権者の協議による回収行為の停止期間設定」
「必要十分な情報開示」
「停止期間開始日の主要債権者間の相対的な地位の尊重」

などという原則を設けているのに対し、

私的整理ガイドラインは、

「主要債権者は、再建可能性を判断のうえ、対象債権者全員に対し、一時停止を通知」

「対象債権者全員の同意により、再建計画成立」

などとなっている。

文言は似ている。しかし、日本の私的整理ガイドラインは、主要債権者というとき、大口債権者の中でも最大の債権者、つまりメインバンクを意識している。それはＩＮＳＯＬも同じではと思うかもしれないが、ＩＮＳＯＬ方式だと、どの大口債権者が会議の司会をやってもほぼ同じ結論になる。

ＩＮＳＯＬの「情報開示」で情報は債権者に共有されるが、日本ではメインバンクが独占しても構わないし、実際にそうなる。

さらに、ＩＮＳＯＬには「相対的地位の尊重」がある。たとえば、担保の抵当権に登記順に一位、二位、……とついていれば、一位の債権額が担保価値より多ければ、すべて一位債権者のものになる。二位以下はゼロと機械的に決定される。日本のガイドラインには規定がなく、慣行として二位以下の債権者にも少しはカネが戻るようになっており、そう期待されている。

一方で、私的整理ガイドラインは、借り手企業の再建計画にも全員の同意が必要となる。

これと先ほどの業界慣行が導くものは、だらだらと結論の出ない会議や、メインバンクが自分の損失を増やし「泣く」ことで、他の債権者の同意を取り付ける奇妙な結論だ。こうした業界慣行も、個々の銀行における損切りの遅れ、全体として不良債権処理の遅れの原因となっていると思う。

フェニックス・キャピタル

フェニックス・キャピタルは、三月までの一年間で、二百億円くらいの投資を済ませる見通しだ。投資件数にして八件か九件。公表されている投資先には、和服メーカーの市田や薬品メーカーのツムラがある。それ以外にも、ファンドに出資する地方銀行から続々と案件が持ち込まれているという。

仕事をこなすスピードがやたら速いのには二つの理由がある。一つは、意思決定が速いこと。代表取締役がハンコを捺《お》せばよいので効率がよい。案件の相談を受けてから平均一週間で回答するという。もう一つは、デューデリジェンスをアウトソースしていること。委託先は、プライスウォーターハウスクーパース　フィナンシャル・アドバイザリー・サービス（ＰｗＣＦＡＳ）。同社はフェニックス・キャピタルの設立時からの提携先であり、信頼できる間柄だ。

実際に投資を決めてからの仕事もスムーズだ。銀行から債権を買い取る時の値段は時価。フェニックスはＤＣＦ法で買い値を出し、銀行側と交渉して決める。買い取った後は、フェニックス側で債権放棄し、再建策を作る。ＰｗＣＦＡＳでも再建策を作れるし、その中で不動産をどうするかについては、もう一つの同盟者である不動産投資会社パシフィックマネジメントが得意とする分野である。

この債権放棄について少し説明をしたい。たとえば銀行が簿価一〇〇としている債権をフェニックスが時価三〇で買うとする。フェニックスはそのまま三〇の価値の株式に転換（これがデット・エクイティ・スワップ＝債務の株式化）。そのときに、（一〇〇マイナス三〇＝）七〇の請求権をフェニックスが放棄する（これが債権放棄）。これだけで、対象企業のバランスシートからは大きな負債が消え、財務は健全化する。

債権放棄することの前提には、もちろん対象企業が、フェニックス側が作った再建策を実行することがある。再建策では、新しい経営トップや財務担当者を送り込むこともありうるし、不採算部門からの撤退など従業員に業務の転換を迫ることも、給与のカットもありうる。

ところで、ファンドへの出資者である銀行にジレンマがあるように思った。ファンドの利回りアップのためには債権を安く売ったほうがよいが、不良債権売却に伴う自行の損失を少なくするには高く売りたい。そうではないか、と安東氏に訊いたところ、回答は「それはそうではなくて、銀行はやはり高く売りたい。自分だけ安く売っても利回りが自分だけに返ってくるわけではない。（値段の交渉は銀行側と）今でも相当激しくやってますよ」。

それでもフェニックスは銀行から好まれているようだ。それは債権を買った後も、「一緒にやりましょう」という姿勢を貫くから。借り手企業からみると、いきなり外資に売られたとか、ＲＣＣに売られたとかなら、銀行はひどいことをする、と言いたくなる。そんな取引先との関係悪化を避けたい銀行は、対象企業に「フェニックスと一緒に我々も支援していきますよ」と言いたいのだ。

銀行が多数参加する日本リバイバル・ファンドは、債権の集中化を狙ったためで、これも産業再生機構のアイデアを先取りしている。どういうことかというと、もともと提携している東京三菱銀行が圧倒的な大口債権者ならよいが、そうでない場合は、その他多数の債権者と常に交渉が必要になるなど時間と手間がかかりすぎる。そこで、安東氏らは大手銀行のほか、全国の三十五の地方銀行にも参加を呼びかけた。そして結局、参加したのが三井住友銀行を含む十五行だった。

同じ文脈でRCCとも提携。銀行から買った債権を持つ者同士なので、案件によっては最大債権者、次の大口債権者の関係になりやすい。また、日本政策投資銀行は、フェニックスの第一号ファンドの出資者だが、第二号では、融資の役割を期待している。再建過程の企業へ融資するDIPファイナンスで、この融資については日本政策投資銀行が熱心に行なっている（DIPはDebtor In Possession 占有継続債務者）。

「ビジネスとしては非常に活性化しているし、手ごたえを感じている」と、現在の仕事について安東氏は言う。

一年間で二百億円の投資という実績（見込み）を甘くみてはいけない。この結果、銀行のバランスシートから落ちた不良債権はその三倍、四倍、もしかしたら五倍といった大きさの金額である。メンバーがわずか二十人ほどの投資会社が中核になって、数百億〜一千億円の不良債権を、完全処理は言いすぎにしても、次のステップへ進ませる仕事をしたのだ。

同種の企業再生ファンドは増えつつある。フェニックス・キャピタルの仕事振りを見ていると、何も政府が産業再生機構のような大掛かりな組織を作らなくても、民間の活動を助けることはできるのではないか、とも思えてくる。産業再生機構が、企業再建を商売ベースで助けようとしているファンドなどから期待されているのは、いくつもの銀行からの特定企業に対する債権買い集めの仕事にある。この部分だけなら、政府は、ある借り手企業に対する債権買い集めを促進する法整備などで対処できるのではないか。自前で買い取る新機構を作るがゆえに、損失を累積する可能性を心配する声があるのだ。買い取る部分は民間企業に任せればよい。

時価売買の拡大が不良債権処理を加速する

ここからは、不良債権処理を加速する条件を考えてみたい。

金融業というビジネスは大昔からある。ということは回収の失敗である不良債権の問題にも人類は大昔から付き合っている。長い歴史から学ぶことにもっとチャレンジしてみたほうがよいかもしれない。

中国・前漢の時代の人・司馬遷《しばせん》が書いた『史記』の「孟嘗君《もうしようくん》列伝」に、債権回収のエピソードがある。

紀元前三百年頃、戦国時代の地方国家で宰相を務めていた孟嘗君は、プライベートでいろんな技能に秀でた人材を集めて養っていた。三千人もの人を養うための費用の足しにするため、街の人々に高利貸しをしたが、一年余り経っても、ほとんど返ってこなかった。そこで、養っていた論客の一人である馮驩《ふうかん》に債権回収を依頼した。そして彼は紀元前版サービサーの役割を引き受けた。

馮驩はまず、簡単に利息を払える人からカネを集め、それを元手に酒宴を催し、借り手全員を集めた。そこで、利息を払うのに苦労している人々の借用証書を集め、照合するとともに次に集まる日を決めた。その次の「要注意先」以下の借り手を集めた酒宴で、利息を返せる人からは受け取ったうえで元金返済の期日を決め、返せない人からは借用証書を取り上げて焼き捨てた。そして全員に向かい、「孟嘗君が融資をしたのは、家業も成り立たない人民のためであり、利息を取る理由は客への手当てがないためである。今、金持ちになった人には最終返済期日を決め、貧乏人の証文は焼き捨てた。……こんな殿様のご恩に背いてよかろうか」と演説すると、一同は、再拝の礼をもって感謝した。

この様子を聞いて怒った孟嘗君は、何故そんなことをしたのか、と馮驩に問いただした。すると馮驩は、「酒宴を開かなければ全員が集まりませんので、余裕がある者とそうでない者が区分できません。余裕がある者にはそれで期限が決められます。余裕がない者には、そのまま十年催促し続けても、利息はいよいよ増すばかり。むやみに取り立てれば、すぐにでも逃亡して勝手に証文を破棄し、結局は回収できません。そうなれば、殿は利殖に夢中で民を愛さぬ人ということになります。……無用空文の証文を焼き、捕らぬ狸の皮算用を捨てて、民に殿を身近に感じさせ、評判を高めたまでのことです」。

孟嘗君はそこではたと手を打って礼を言った——という話だった。

このエピソードから読み取れることは何だろうか。孟嘗君がどの程度の高利を設定していたかは不明だが、あまり相手を選ばずに融資したことが分かる。また、どうも返済期限が契約で定められていなかったことが推測できる。そこで、債権回収に当たった馮驩はまず、借り手を区分する作業から始め、返済期限を相手ごとにきちんと設定した。そして、その時点で返済能力がないと知れる人には完全な債権放棄をしたのだった。

では、「取り立てても無駄な人には、債権者側の評判を落とさぬために、債権放棄をしよう」ということを教訓として読み取れるだろうか。ちょっとそれは無理そうだ。孟嘗君は金融業を本業として永続的にやっていたわけではない。一回限りかどうかは不明だが、不慣れな様子は分かる。宰相という立場の人は貧乏人に徳を施せ、程度の意味は込められているかもしれない。孟嘗君の金融業が永続的なビジネスなら、客の扱いにあまりにも差別がありすぎるので、特に比較的裕福な客が逃げてしまうだろう。

しかも、馮驩のように公明正大に債権区分をして一部の人に債権放棄をすると、それを知った強欲な人々は、次から自分も資産隠しをして、借金を踏み倒そうと考えるだろうから一度しか使えない業《わざ》である。

現代人が何か教訓めいたものを読み取れるとすると、「返済能力のない人を相手にいくら取り立て努力をしても無駄だ」程度のことだ。それなら今でも通じる話である。

結局は、銀行など貸し手が、借り手企業に返済能力がないと分かった時点で、回収をあきらめ、早めに損切りをすることに尽きると思う。中途半端な債権放棄をしながら融資を続けても、誰も浮かばれはしない。融資し続ければ復活することもあるだろうという、捕らぬ狸の皮算用はやめることだ。

不良債権は、対象企業に再建する値打ちがあるなら、企業再生ファンドなり、同業他社なりが買う。再建する値打ちがなくても、今なら不良債権から不動産を取り出したい投資会社に売る道もある。その値打ちも認めてくれる企業や投資家がない債権なら、どのみち二束三文でも売れればよい程度のものだということだ。いずれのケースでも、売り手と買い手が堂々と交渉して時価取引をすればよい。

このように民間で取引が盛んに行なわれれば、政府が産業再生機構を作る意味は、債権を集中化して対象企業の再建または清算計画を早く作りやすくするだけのことになる。これだって、銀行が二位、三位の抵当権でも粘るという行動をせず、さっさと債権を売るというのなら、民間のビジネスでうまく処理される可能性は大きい。

だから、不良債権処理を加速する最大の条件は、時価売買をもっともっと盛んにすることだ。

実質簿価派の人々のように、銀行に恩恵を与えようとするのは、時価売買を妨げるという意味で害が大きい。簡単に想像できることだが、産業再生機構が銀行から債権を意図的に高めの値段で買ったとしても、次の取引で露呈する。機構はいずれ誰かに売らなければならないが、その時、買い手になるのは、投資会社など時価取引をするプレーヤーたちがほとんどだろう。そして、買い値が高めであれば、機構が赤字を出さない取引は成立しなくなる。

企業が再建されていく過程で機構が保有する債権の回収率は上がるのでは、と予想する人もいるかもしれないが、機構がその上昇分を取り込むには相当のテクニックが必要になる。フェニックス・キャピタルの例で見たとおり、再建努力を助けるには、機構を含めた買い手側で債権放棄をすることも考えられる。すれば、その分、債権の価値は落ち、ただ債権を持っていてもそれ以上の金額は回収できない。しかし、債権放棄をしないと再建努力に水をさす。

ではＤＥＳにより株式に転換して保有するのか。その場合は、機構の保有期間中にどの程度再建できるかに依存する。株式に代表される企業価値は上にも行くが下にも行く。実際に再建を指導するファンドやサポーター企業には別のタイムスケジュールがある。待っていれば機構の儲けを極大化してくれるというものではない。

だから、不良債権処理を加速する最大の条件は、時価売買をもっともっと盛んにすることであって、不良債権処理が民間ビジネスの中でこなされるのを促進することこそ政府がやるべき仕事だ。一時的に債権を買い取り保有することは必ずしも必要ではないと私は思う。

残された時間はほとんどない

この本では、あえて民間ビジネスがどのように動いているかを中心に描き、不良債権ビジネスを活性化させることで、処理が加速することを示してきたつもりだ。政府の政策もその観点から評価してきた。しかし、大きな壁があることも言わざるをえないだろう。暗い気分になりたくない人は、ここから先は読まないほうがいい。

不良債権を買う側の人々と話していると実に単純な結論に行き着く。不良債権処理が進まないのは、銀行がさっさと不良債権を売りに出して損切りしないからだ。これは、不良債権ビジネスを盛り上げ、ビジネス・ベースで処理を加速するためのネックとなっている。不良債権ビジネスは、銀行が不良債権を売ることによって、はじめて成立するものだからだ。

破綻先の処理だけでなく、要注意先・要管理先などに区分される不良債権の処理が課題になり、まだ生きていける企業が対象に浮上したので、事態が難しくなったようにみえる。だが、それに対応して、かつては担保不動産だけがほしかった投資会社は、企業再生ファンドにも参入し、企業そのものの再建をビジネスとして手がけようとしている。買い手側は、まだまだ増えるだろう。

それでも、銀行が不良債権を売れない理由は何か。債権をどれだけ回収できるかの査定が甘く、引当金が足りないと、予想していない損失を計上しなくてはいけなくなる。その分自己資本が減るので、増資をしなくてはいけない。だが、だんだんと増資も難しくなっている。といって、公的資金を注入され実質国有化されるのもいやだ。だから、時価取引をしたくない——。

しかし、体力のある銀行はファンドやRCCに対して時価売却をどんどん進めている現実もある。そして、政府の政策・法整備の後押しもあって、RCC、民間のサービサー、企業再生ファンドなどと不良債権の買い手はじゅうぶんに増えた。あとは売り手側の問題が残っているだけだ。

「実質簿価」という言葉が初めて使われたのは、二〇〇一年の九月のこと。緊急・大量・迅速に不良債権を処理する策を、与党三党の幹事長から問われたRCCの鬼追社長が、実質簿価で買う方法があると答えた。RCCから出た案であることは意外な感じを受けるかもしれないが、ここからが肝腎なところだ。RCC案には条件が三つ示された。①RCCが回収後に出す二次ロスを金融機関も負担すること、②（その値段でしか売れない）金融機関側の責任を明確化すること、③国民の合意を得ること、の三条件が整えば、実質簿価でRCCが買ってもよいという説明だった。

実質簿価派の人々は、なぜかこれらの条件を無視して、RCCに高く買わせる話だけを進めようとしていた。しかし、与党の幹事長の方々、そして政府も、RCCが示した三条件、特に国民の合意を得ることは真剣に考えたほうが懸命だったと私は思う。あれから少なくとも一年半が過ぎた。

銀行が大量の不良債権を時価で売れない現実がある以上、ビジネス・ベースだけでは不良債権の処理は加速しない。これ以上加速するためには、銀行に処理原資が足りないし、無理に自己資本を減らすと、自己資本規制をクリアできないことより基本的な問題として、銀行自体の経営不安が起きかねない。

政府はその行き詰まった状態を公表したうえで、国民に問うべきだ。このまま不良債権問題を引きずり続けるのか、それとも、銀行経営陣ならびに監督してきた人々に責任を取らせることを条件に、国民の負担で不良債権を高く買うのか、と。

それほどの緊急事態だということを不良債権ビジネスの人々はよく知っている。そして、その主要プレーヤーには外資系投資銀行がいる。彼らは、日本の金融機関がピンチになれば、株式市場で容赦なく大掛かりな（空）売りをしかけてくることは間違いない。そして、追い討ちをかけられた金融機関は……。残された時間は、ほとんどない。

エピローグ

今年一月の終わりごろ、九州のある中堅食品メーカーの社長が私を訪ねてきた。よほど読み込んだらしき拙著『買収ファンド』(光文社新書)を片手に、「助けてください」と言う。さてはファンドに買収されそうになっているのかと思っていると、七十歳くらいの企業経営者の口からは、競売がどうの、工場がどうのという言葉が飛び出してきた。どうも私の予想ははずれたなと思いながら落ち着いて聞いてみると、買収されるのではなく、買収したいという話だった。

そのときの話を要約すると、彼は、数年前にある同業者が破綻したのに伴い都銀の管理下に入った工場をなんとか安く買いたいと考えていた。そして、その工場が競売に何度か出て、落札されない様子を見ながら、そろそろ買える値段になりそうだと予想していた。ところが、その工場が含まれる債権が外資系投資会社に売られてしまった。こうなったら外資と直接交渉して手に入れようと、外資の行方（?）を追っていたのだ。

なるほどそういう話では、私の前著をよく読んでもらっても分からない。彼が探しているのは、買収ファンドではなく、外資系投資会社グループのサービサーだったからだ。しかし彼が都銀から聞き出したのは外資系投資会社の名前だった。まったく別の社名で系列のサービサーが存在することを普通の人は知らない。私は、法務省のリストに掲載されている、そのサービサーの連絡先を教えた。

それにしてもベテラン経営者は興味深いことを語った。その人の会社を含め比較的規模の小さなメーカーが多数存在している業界において、整理・淘汰が起きている。もともと供給過剰気味だったのに加えて、中国などで競合製品が作られているので、高コスト体質のメーカーは経営破綻していく。生き残るためには、競争力をつけなくてはいけない。そのためには、工場・設備を安く買い、大きなメーカーになることだ。そんなことを語った後、彼は言った。

「今、外資が日本企業を安く買っているでしょ。私は外資に負けんように、さらに安く買って、その会社を作り直したいんです」

同じようなビジネスへの情熱を、第四章で紹介したシャトレーゼの斉藤寛社長からも感じた。斉藤氏はこの数年、地元・山梨県と北海道で破綻したゴルフ場やリゾート施設を買っている。彼もやはり七十歳近いベテラン経営者であり、失敗もしながら情熱によって洋菓子チェーンを作り育ててきた人だ。長年の事業経営によって地位も財産も築いたからにはもう余生を楽に送ればいい、という考え方とは無縁の人たちでもある。彼らにとって、不動産や設備が安くなっている今こそ大きな投資をして勝負する好機なのだ。

小さな商店経営から始めた斉藤氏が最初に勝負に出たのは一九六五年。アイスクリーム工場を作ったのはいいが、すでに全国ブランドの大手メーカーが出そろっていて、コスト的に太刀打ちできないことを知る。それからなんとか勝てるものをと探し、斉藤氏がたどり着いたのがシュークリームなど生菓子だった。アイス工場を作ってから二十年間は儲かった記憶がないという。しかし、絶えず挑戦し続けた経営者は、二〇〇二年で約五百億円の売上高を持つシャトレーゼを作り上げた。

彼も言った。「僕はゴルフが大好きで、十ケ所以上のメンバーになっています。ゴルフ場を今、外資だけが買っているけど、情けない。それで、この際、買って再生させようと思ったわけです」。

ひるがえって不良債権問題で頭を抱えている人たちを思い浮かべると、大銀行の経営陣や金融行政の担当者たち、ひ弱なエリートの顔ばかりが目立つ。エリートに率いられた組織は一斉にバブル経済の波に乗り、そして一斉に敗れ去った。

しかし、斉藤氏らベテラン経営者はそんな波とは関係なく、自分のビジネスに邁進してきたし、これからもそうだろう。大銀行や大企業の社長には、斉藤氏らより少し若い層が多い。しかし、その人々には、自分の商売をおよそ半世紀も実践してきたベテラン経営者に匹敵する経営のプロはほとんどいない。判断力・決断力に、自らの失敗を自ら乗り越えてきた経験の差が出るのだと思う。

共通点もある。外資嫌いの人が多いことだ。しかし、それでもベテラン経営者たちには健全なものを感じる。外資が嫌いだから線を引いて近寄らないのではなく、外資の行動をまねてでも勝ちに行こうとする心意気が彼らにはあるからだ。

企業再生という前向きな言葉が多く語られるようになった。その金融・産業界の努力を本当の意味で前向きなものとするために、健全な不良債権処理がすみやかに行なわれることを祈りながら、この本を書いた。

前著同様、名前を出していない人々に多くを教えていただいた。また、編集作業も前著と同じく、光文社新書の古谷俊勝編集長にお世話になった。感謝します。

主な参考文献・資料

『企業再生の実務』（企業再生実務研究会著、金融財政事情研究会）
『敗者復活』（ドナルド・J・トランプ、ケイト・ボナー著、日経BP社）
『不良債権処理ビジネス』（田作朋雄、岡内幸策著、東洋経済新報社）
『不動産評価入門』（森島義博著、東洋経済新報社）
『実務サービサー法225問』（黒川弘務、石山宏樹著、商事法務研究会）
『不良債権処理と企業再建Q&A』（日野正晴、土屋章、大橋周治、中村清著、中央経済社）
Barron's Dictionary of Real Estate Terms, Fifth Edition
『季刊サービサー』創刊準備号（全国サービサー協会）
"Update on Japanese Bad Debt Restructuring", Working Paper No.130, Center for Japanese Economy and Business, Columbia Business School, April 1997 (Yoshinobu Shiota)

和田勉（わだべん）

1966年生まれ。早稲田大学政治経済学部政治学科卒業後、日本経済新聞社に入社。産業部、国際部などの記者を経て、'98年から３年間、テレビ東京に出向して経済部記者を務めた。2001年からフリーの経済ジャーナリストに。金融・経済のＷｅｂマガジン「Tokyo Financial Journal」（www.t-fj.jp）の共同編集人を務める。著書に『買収ファンド』（光文社新書）がある。

企《き》業《ぎょう》再《さい》生《せい》ファンド　不《ふ》良《りょう》債《さい》権《けん》ビジネスの虚《きょ》と実《じつ》

2003年４月20日初版１刷発行

著　者 ― 和田勉

発行者 ― 加藤寛一

装　幀 ― アラン・チャン

印刷所 ― 萩原印刷

製本所 ― ナショナル製本

発行所 ― 株式会社光文社
東京都文京区音羽１　振替00160-3-115347

電　話 ― 編集部03(5395)8289　販売部03(5395)8112
業務部03(5395)8125

メール ― sinsyo@kobunsha.com

© Ben Wada 2003 Printed in Japan ISBN 4-334-03192-7

光文社新書

076 辞書と日本語 国語辞典を解剖する　倉島節尚

077 剣豪 その流派と名刀　牧秀彦

078 純米酒を極める　上原浩

079 イラクとパレスチナ アメリカの戦略　田中宇

080 クローン人間　粥川準二

081 論理的思考と交渉のスキル　髙杉尚孝

082 ダンディズム 靴、鞄、眼鏡、酒…　落合正勝

083 地域間交流が外交を変える 鳥取―朝鮮半島の「ある試み」　片山善博・釼持佳苗

084 ウェルチにNOを突きつけた現場主義の経営学　千葉三樹

085 アートサーカス サーカスを超えた魔力　西元まり

086 ビジネス英語〈短期戦略〉マネジメント　安達洋

087 イラク　田中宇

088 「会社を変える」人材開発 プロのノウハウと実践　柴田昌治監修・香本裕世

089 外国切手に描かれた日本　内藤陽介

090 お墓博士のお墓と葬儀のお金の話　横田睦

091 皇居前広場　原武史

092 企業再生ファンド 不良債権ビジネスの虚と実　和田勉

093 お座敷遊び 浅草花街 芸者の粋をどう愉しむか　浅原須美

094 人格障害かもしれない どうして普通にできないんだろう　磯部潮

095 「極み」の日本旅館 いま、どこに泊まるべきか　柏井壽